物　権

〔第 3 版〕

エッセンシャル民法 2

永田眞三郎・松本恒雄・松岡久和・中田邦博・横山美夏　著

有斐閣ブックス

第3版 まえがき

　本書の初版が刊行された2005年以降，物権法分野を直接の対象とする民法改正は長く行われていませんでした。しかし，2017年民法（債権関係）の改正では，物権の時効についても用語の改正がされ，有価証券に関する規定の新設や債権譲渡の規定の修正に伴い，債権質の条文に変更が加えられました。また，根抵当について，被担保債権に電子記録債権が加えられるなどの細かな改正もされました。

　そして，2018年民法（相続関係）の改正では，遺産分割などにより法定相続分を超える不動産などの権利を取得した場合には，その部分については対抗要件が必要となったこと，物権的効力のある遺留分減殺請求から価額調整である遺留分侵害額請求に代わったこと，配偶者居住権が第三者にも対抗できる物権的利用権として設けられたことなど，物権法にとっても重要な改正がされています。2019年刊行の第2版は，この時点までの物権法の概要を解説していました。

　その後，2021年には，所有者不明土地問題への対策を中心とした民法（物権法・相続法分野）と不動産登記法の改正が行われ，この改正は2023年4月から施行されています。

　そこで，第3版では，物権法分野への影響が大きい2021年民法改正に対応した内容に記述を書き改めています。さらに，物権法に関するその他の点や，本書の特徴であった「コラム」についても，読者の理解を深めるという観点から，いくつかの追加・削除・修正を行っています。

　現在，法制審議会の担保法制部会において，動産担保や債権譲渡担保の法制についての見直しや，事業のために一体として活用される財産全体を包括的に目的財産とする事業担保制度の導入の是非の審議が行われており，近い将来，担保物権法部分の改訂が必要になる可能性が高くなっています。

第 3 版の刊行を機に，本書がさらに広く学生のみなさんに読まれ，その学習に役立つものとなることを願っています。

　最後になりましたが，本書の改訂を裏方として支えていただいた，有斐閣京都支店の一村大輔氏に対して感謝の意を表します。

　2023年 8 月

執筆者一同

　なお，本書では基本的に文献の引用は行わないが，下記の文献は，『エッセンシャル民法』シリーズに属するため，各巻での記述の分担関係を考えて，次のような略称を用いて参照している。

入門・総則〔第 5 版補訂版〕：永田眞三郎・松本恒雄・松岡久和・横山美夏『民法入門・総則——エッセンシャル民法 1 〔第 5 版補訂版〕』（有斐閣，2023年）

債権〔第 2 版〕：永田眞三郎・松本恒雄・松岡久和・横山美夏『債権——エッセンシャル民法 3 〔第 2 版〕』（有斐閣，2022年）

初版　まえがき

　本書は，物権法の初学者に対する教科書です。『民法入門・総則』に続く教科書として，ここでも，法制度の仕組みや法規定の基本的な内容をわかりやすくかつ正確に伝えることに重点がおかれています。本書は，民法のまったくの初学者を念頭において企画された『民法入門・総則』と比べて，やや叙述の密度の高いものとなっています。しかし，いわゆる「論点」については，これを務めて削ぎ落とし，それを理解するために手がかりとなる考え方や背景となる法状況を示唆するにとどめ，その展開はつぎの学習段階に委ねようとしています。

　2004年4月，新しい法曹養成のための制度として法科大学院制度が発足しました。法科大学院では，知識としての「論点」の蓄積と再生の繰り返しに傾きがちであった試験対策的な手法とは異なる，「新しい民法の学び」が試みられ，それが育ちつつあります。そこでの教育あるいは学習では，双方向・多方向の対話型の講義を中心に，事実や対立する言い分から状況を読み取る力，その状況のなかで問題を発見しそれを法的な問題として組み立てなおす力，それに基づいて解決のためのいくつかの方策を提示する力，これらの能力を育成することを目指すものとなっています。この法曹養成あるいは法学教育の方法の新しい展開は，知識としての「論点」を削ぎ落とし，まずなによりも法制度の仕組みや法規定の基本的な内容を的確に理解させるという本書の企図とあい呼応するものともいえます。

　民法の仕組みや規定の内容を学ぶにあたって重要なことは，まず，そのよって立つ原理原則をしっかりと理解することです。しかし，何もかも，原理原則に立ち返って論ずるのではなく，民法は，その原理原則を踏まえあるいはそれを修正しつつ，それぞれの局面でどのような問題解決の仕組みや法規定を準備しているのか，あるいは，議論のあるところでは判例や学説はどの

ような考え方で概ねどのような選択をしているのかを的確に理解することが肝要です。その際，自分の思考方法や言語と結びつけながら，ときには逆に，自分の日常的な思考プロセスやことばの用法と専門領域としてのその違いを確認しながら学ぶことが，効果的です。

　そのような視点から，本文の叙述では，まず，読者がこれまで生活のなかで経験したような事柄やそうでなくても容易にイメージできる事柄を事例として設定しています。その事例を用いながら，民法がそれに対してどのような仕組みや規定を準備しているのかを説明するというスタイルをとっています。つぎに，本文の理解を補うために，多数の「図表」を配しています。あるいは，本文で示された問題が，現実にどのようなひろがりをもつものなのか，現行の制度や規定に至るまでにどのような変遷があり，どのような背景があったのかなど，それらをイメージし理解できるように，多くの「コラム」が置かれています。

　基本的な判例については，本文の流れに沿って「ケースのなかで」として組み込み，簡潔に要約しています。さらに，その判例の民法全体のなかでの位置付けと機能するおよその範囲がわかるように，キーワードが付されています。

　本書を手にされた読者の方々には，以上のような趣旨を十分に理解して，本書が試みているいくつかの工夫を存分に活用し，物権法との出会いを円滑に進めることによって，その修得に成功されるよう期待しています。

　最後になりましたが，本書の刊行にあたって，構成や内容についての数次にわたる長時間の執筆者会議におつきあいいただき，その他諸般の事情により相当長い期間を費やしたにもかかわらず，ここに至ることができたことについて，有斐閣書籍編集第一部京都編集室の奥村邦男氏および一村大輔氏に対して心から感謝の意を表します。

　　2005年9月

執筆者一同

● **執筆者紹介**（執筆分担）||||||||||||||||||||||||||||||||||||||||||||||||||||||||||||||||||

永田眞三郎　　　（元関西大学教授，京都大学法学部卒）
　　　　　　　　第1章・第6章

松本恒雄　　　（一橋大学名誉教授，京都大学法学部卒）
　　　　　　　　第1章・第6章・第9章

松岡久和　　　（立命館大学教授，京都大学法学部卒）
　　　　　　　　第2章・第5章・第7章

中田邦博　　　（龍谷大学教授，立命館大学法学部卒）
　　　　　　　　第8章・第10章

横山美夏　　　（京都大学教授，早稲田大学法学部卒）
　　　　　　　　第3章・第4章

目　　次

●──ケースのなかで一覧

第1章 物権法とは

第1節 物権法の対象となっている領域

1 2つの財産権

　たとえば，Aが運送用のトラックを必要とする場合，そのためには，それを購入するか，賃料を払ってだれか（B）からそれを借りるか，この2つのいずれかの方法によることが考えられる。ここで，物を使用できるというAの利益に着目すれば，いずれの場合も，Aの法的地位は，財産的な性格をもつ権利（財産権）である。しかし，前者のようにAが購入したとなれば，Aは，そのトラックを自由に使用できるし，ときにはそれを他人に貸したり，古くなれば売却してしまうこともできる。後者のようにAがBから賃借したのであれば，AはBとの契約内容に従って一定期間そのトラックを使用できる権利をもつにすぎない。すなわち，同じ財産権であっても，それらは，物そのものについてだれを介することもなく使用・収益・処分できる権利と，特定の人（例ではB）に対して使用させるように請求できる権利とに区別される。

2 物権法の対象

　民法は，前記の例のように，財産権について，「物を直接に支配できる権利」と「特定人に対して給付を請求できる権利」とに分け，前者を「物権」とよび後者を「債権」とよんで，それぞれ第2編と第3編の2つに分けて整理している。民法以外でも，たとえば，商法では，商事に係る物権が認められており（商人間の留置権に関する商521条），特別法でも，主として担保権として，いくつかの物権が規定されている（自抵3条等）。

　本書で学ぶ「物権法」は，財産権のうちの，この物権（物を直接に支配できる権利）をその対象領域としている。

第2節　物権法の仕組み

1　民法は種々の物権をどのように整理しているか？

　物権は物を直接に支配できる権利であり，所有権の他にも，土地利用に関する地上権とか担保に関する抵当権とか，種々の物権がある。そこで，民法は，所有権を「物の全面的支配（使用・収益・処分）を内容とする権利」としてその中核におき，地上権や抵当権等のその他の物権を，所有権の権能のうちの「部分的支配（使用とか処分とか）を内容とする権利」として整理している。言い換えると，物権は，物権としてのすべての権能を備えている所有権とよばれる物権と，他人の所有物の上に成立してその所有権の権能を部分的に制限している物権（制限物権）とに区別される。

2　民法上の物権の体系と種類

　民法は，上記のように，物権を所有権と制限物権に分けているが，制限物権については，まず，それが所有権の権能のどの部分を制限するかに応じて，用益物権と担保物権とに分けている。さらに，その制限の態様に応じて，用益物権では，地上権・永小作権・地役権・入会権（いりあいけん）の4つのタイプに分けて，担保物権では，留置権・先取特権・質権・抵当権の4つのタイプに分けて規定している。

　また，民法は，これらの物権に加えて，物を事実上支配することを占有とよび，占有に基づく権利に関する規定をおいて，その事実的支配自体を保護する制度（占有制度）を設けている。

　なお，175条は，民法その他の法律に定めるもののほか，物権を創設することはできないとの物権法定主義の原則を定めているが，現実には，水利権や温泉権などのほか，所有権を担保として利用した譲渡担保や所有権留保などが，慣習法上の物権として認められている。

3　物権法の構成

　民法は，物権について，上記の各物権の権利内容を順次規定している（180条以下）が，それに先立って，それらの権利が，どのようにして取得・喪失・変更されるのかという，権利変動（物権変動）のルールを規定している（176条〜179条）。本書では，まず，物権としてのすべての機能を備えている所有権の内容およびそれを中心とする物権一般の効力を明らかにし，その理解を基礎にして，物権変動のルールを説明する。それに続いて各物権の内容について，それぞれ整理する。

★ コラム①：民法上の物権の体系と種類

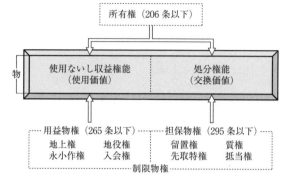

```
            所有権（206条以下）
```

物　使用ないし収益権能　　　処分権能
　　（使用価値）　　　　　　（交換価値）

用益物権（265条以下）　担保物権（295条以下）
　地上権　　地役権　　　留置権　　　質権
　永小作権　入会権　　　先取特権　　抵当権
　　　　　　　　制限物権

＊物権法には，これらの物権の他に，占有も含まれる。

―――――――――――――――――――――――――――――

A所有の土地にBの抵当権が設定されている場合の両者の関係

――――――――Aの土地所有権――――――――

使用ないし収益権能　　　　処分権能

――――B の抵当権――――

■ この部分（処分権能）については，Bの抵当権が把握して
おり，抵当権が存続する間，Aの所有権はその部分が制限
されていると考える（いわば負担付きの所有権）。

第2章 所 有 権

　日常の言葉で「このトラックはAのものだ」という場合，法律的には「Aにトラックの所有権がある」，あるいは，「Aはトラックの所有権をもっている」などと表現する。日常的な感覚と法律が最も近いのが所有権に関する規律である。しかも，所有権は物権の典型として他の制限物権の規律の基礎となっている。そこで，まずは所有権を手がかりとして物権法の勉強を始めることにしよう。

　この章では，まず，1人の人が所有権をもつ単純な場合について，所有権はどういう内容をもっていて，何について成立するか，どのように保護されるか，どのように取得されるかを概観する。そして，つぎに，複数の人が共同で所有権をもつ場合や分譲マンションなどの規律の特徴を説明する。

第1節　所有権とはどういう権利か？

1　所有権は有体物の全面的な支配権である

　本章の扉の例を使うと，トラックの所有者Aは自分のトラックを，いつどのように使うかを自由に決められる。使わないのも自由である。自分で使わずに，他人に貸すのもそれを借金の担保にするのもAの判断次第である。いらなくなったら，売ったり，廃車にして捨ててもかまわない。このことを，206条は，簡潔に，「所有者は……自由にその所有物の使用，収益及び処分をする権利を有する」と規定している。所有権以外の制限物権が，物の使用価値や交換価値という一部分を支配する権利であるのに対して，所有権は物の全面的な支配権である。

2　所有権の特徴

　法律に直接規定する条文はないが，所有権には，一般に，契約上の債権との対比で，以下のような特徴があるとされている。厳密に考えると非常に難しい問題に発展するので，最初は，典型例によって言葉の使い方の緩やかな約束事としておおまかなイメージを得るにとどめ，物権法をひととおり学んだ後で，もう一度自分で考えてみてほしい。

直接支配性

　所有権は物を直接に支配できる権利（直接的支配権）である。所有者Aは，自分だけの判断で所有するトラックを使用したり処分することができる。これに対して，Bが所有者Aから賃料を払ってトラックを借りている場合には，

Bは，Aとの賃貸借契約で使用する権利（賃借権）を得るが，債権とよばれるこのタイプの権利は，Aに対して一定の行為（この場合にはトラックを約束通り使用させること）を求める請求権である。Bがトラックを使用するには，Aによるトラックの引渡行為を介しなければならず，Bと物との関係は間接的である。また，すでに引渡しを受けて使用している場合でも，Aの承諾がなければ，Bは，トラックを転貸したりトラックの賃借権を譲渡することはできない（612条1項）。

絶 対 性

　所有権はすべての人に対して主張できる権利である。所有権の絶対性とよばれる（対世効があるとも表現する）。所有者Aは，Aの了解を得ずに（つまりAとの契約を介することなく）トラックを使用しているだれに対しても，トラックを返せと主張できる。これに対して，BがトラックをAから借りている場合，トラックを約束通り使用させるよう主張できる相手方は，契約をした当のAだけである（債権の相対性）。

排 他 性

　物から生じる利益は所有者のみが独占的に支配できるのだから，同じ物の上に複数の所有権は存続しない。これは所有権の排他性とよばれる（一物一権主義とも表現される）。Aが同じトラックをCとDに二重に売った場合，最終的に所有者となるのはCかDのどちらかであり（勝敗の付け方は→83頁），どちらもが所有者であり続けることはない。これに対して，売主Aに対する買主CとDの契約上の債権は並び立つ。もちろん両方の債権が本来の内容を同時に実現することはできないから，優先争いで敗れた者の債権は損害賠償債権に形を変えて存続する。

優先的効力

　所有権（を典型とする物権）は，債権に対して優先的効力がある。たとえば，AがBに賃貸している土地や建物の所有権をCに売って，Cが登記を備えると，CはBがAに対して有する賃借権を否定できる。「売買は賃貸借を破る」という法諺（法律上の格言）で表現される民法の原則である。もっとも，この原則には，民法自体が例外を設けているし（605条），借地借家法は借地人や借家人をより厚く保護しており（借地借家10条・31条），これらの例外の場合には，賃借人は地主や家主が交替しても引き続いて賃借物を使用できる。優先的効力の例としてあげられるもう１つの例として，担保物権をもつ債権者はそうした権利をもたない債権者に優先する（→138頁以下）。

第２節　所有権は何について成立するか？

　読者の皆さんのうち多くは，すでに，民法総則の「物」の章で，私権の客体という，より一般的な形で学んでいるだろうが，この私権の客体の規定は，所有権を念頭に置いて書かれている。繰り返しになるが，重要な部分はもう一度説明する（主物と従物や，元物と果実の区別などについては繰り返さないので，入門・総則〔第５版補訂版〕102頁以下など，民法総則の本で確認してほしい）。

1　所有権は形のある物にのみ成立する

　民法は，歴史的ないきさつから，有体物についてのみ所有権の成立を認める。有体物とは，一定の空間を占める物で，固体のみでなく，気体（たとえばボンベに入ったプロパンガスや缶詰入りの「パリの空気」）や液体（たとえばビンの中のワイン）も含まれる。形のないもの（無体物という）のうち，著作権法のような特別の法律がない電気・熱などのエネルギーを「物」と理解するか

表 2-1　不動産と動産——民法上の取扱いの主な違い

	不　動　産	動　産
権利の公示方法と対抗要件	登記（177条）	引渡し（178条）
無権利者から譲り受けた者の保護（公信の原則）	登記に公信力がないため，登記名義人を所有者であると過失なく信じて買い受けた者も，所有権を取得できず，真の所有者からの返還請求に応じなければならない	占有に公信力があるため，占有者を所有者であると過失なく信じて買い受けて占有を得た者は，原則として所有権を取得し（192条），元の所有者に返さなくてよい
成立する物権	土地には物権編に規定されているすべての不動産物権が成立する	地上権，永小作権，地役権などの用益物権や抵当権は成立しない
被保佐人の行為能力	不動産に関する権利の得喪を目的とする行為は，すべて制限の対象となる（13条1項3号）	重要な動産に関する権利の得喪を目的とする行為のみが制限される
所有者がいなくなった物の帰属	国が所有者となる（239条2項）	先占（239条1項）した者が新たな所有者となる

どうかは問題である（刑245条を参照）。管理や支配が可能であれば有体物と認めてよいとの学説も有力であるが，電気そのものを返せという請求のように，有体物と等しく扱うのがおかしい場合もある。むしろ，エネルギーは有体物ではないとしたうえで，有体物所有権に関する制度やルールが類推できるかどうかを，具体的問題ごとに個別に検討するべきであろう。

2　有体物は動産と不動産に二分される

　土地は人間の生存と生産活動にとって不可欠の手段であり，労働によって生み出された物ではなく，基本的には新たに作り出すことも困難である。建物は，土地に固定されていて動くものではなく，通常は高価で重要な財産である。民法は，こうした特殊性に基づいて，土地を中心とする不動産とそれ以外の動産を区別する一般的な規定を置く（86条）。不動産と動産とでは，**表2-1**に整理したように，多くの点において，法的な取扱いに差がある。

不　動　産

　土地が不動産の代表である。土地は地表面だけではなく，社会通念上支配可能と見られる範囲で，地上や地下を含む（207条。→11頁の**コラム②**）。海面下の土地も，支配可能な状態であれば，所有権の客体となりうるとされてい

表 2-2　定着物の種類と例

不動産			土地そのもの（地中の岩石を含む）	
	定着物	土地の一部分	土地の構成部分としてつねに土地の取引に従う物	石垣，敷石，トンネル，井戸，舗装，溝
			土地の構成部分であるが土地とは別個に取引の対象にできる物	立木法が適用されない樹木，収穫前の農作物，銅像，線路，鉄管
		土地の構成部分ではなく，つねに土地とは別個に取引の対象となる不動産		建物，立木法が適用される樹木の集団
動産	非定着物	土地の構成部分ではなく，つねに土地とは別個に取引の対象となりうる動産		石どうろう，仮植中の樹木，建設用の足場

る。

　土地のほかに，土地に継続的に固定して利用することが取引上その物の性質と考えられる定着物も不動産とされている（86条1項）。

　定着物のうち建物は，諸外国の法制度とは異なり，常に独立した不動産である。土地に生えている樹木（立木^{りゅうぼく}）も立木法による登記や明認方法が施されると，土地とは独立した不動産となる（→**第3章**第9節）。

　建物は，屋根や壁ができて雨風がしのげる程度になれば，天井や床がなくても独立した1つの不動産として取引の対象となり，登記もできるようになる。それ以前の段階では，複数の動産として扱われる。

　独立性のない定着物は，土地の一部分として扱われる。たとえば，土地の買主は，売買契約で売る対象から除外するとの特約がないかぎり，石垣についても当然に所有者となる。これに対して，建設用の足場などのように継続的に土地に固定して利用されるものでない非定着物は，独立した動産である。土地と主物・従物の関係（87条）に立たないかぎり，土地の買主がこれらの物の所有権をも取得するには，特約が必要である（→**表2-2**の整理）。

動　　産

　不動産以外の有体物はすべて動産である（86条2項）。ただし，金銭は特殊な動産で一般の動産とは異なる扱いを受ける。

★ コラム② : 大深度地下の利用

　土地の所有権は，上空はどこまでも，地下は地球の芯まで及ぶと説かれたこともあった。しかし，はるか上空を飛行機や人工衛星が通過するのに，対応する土地の所有者の承諾が必要だとするのは無意味である。所有権が及ぶのは，社会通念上，人間に支配可能と理解される相当の範囲内に限られると解するべきである。もっとも，地下については，技術の発展をも視野に入れて考えなければならない。大深度地下の公共的使用に関する特別措置法（平成12年法律第87号）によると，40mより深い大深度地下は，公共の利益となる事業のために，国土交通大臣あるいは都道府県知事の認可を受けて，使用できる。

★ コラム③ : 人体の一部は動産か？

　死体や遺骨は動産として所有権の客体となる。生きている人体から離れた髪の毛や歯も同様である。では，輸血や臓器移植を行う場合の生体中の血液や臓器はどうだろう。理論的には所有権の客体になるとの考え方も成り立つ。しかし，人格の尊重を基本的な原理のひとつに据える近代法は，奴隷制度のように生きている人間自体を他人の所有権の客体とすることを否定している。人間の体の一部は人格が構成される基盤であるから，生体から分離される前の人体の一部には，所有権は成立しないと考えるべきであろう。こう考えると，人体に埋め込まれた人工臓器・人工骨などは所有権の客体でなくなることになろう。

3　一物一権主義と物の個数

　物の個数ごとに所有権が成立することを一物一権主義という。一物一権主義には3通りの意味があり，場合によって使い分けられることが多いので注意しよう。第1に，1つの物の上には複数の所有権は並び立たない。これは所有権の排他性と同じ意味である（→7頁）。第2に，1つの物の一部には所有権は成立しない。言い換えれば，所有権の対象となる物は独立していなければならない。第3に，複数の物の上にまとめて1つの所有権は成立しない。特定した1単位の物ごとに所有権が成立する，という意味である（靴や手袋は左右1組で1単位であり，穀物などは1粒ずつではなく一定のまとまりごとに1単位として扱われる。1単位は物理的な個数とは違って社会通念で決まる）。

ただし，一物一権主義には例外も認められている。とくに注意するべき点を目的物の種類にそって見ていこう。

　(1)　土　地　　地面は連続しているが，人為的に区画され，それぞれに個別の所有権の対象となる。かつては筆で書かれたことから１単位の登記用紙に記載された土地を１筆の土地といったが，2004年の不動産登記法の改正で，電磁的な１単位の登記記録として記録される土地を１筆の土地ということになった（不登２条５号）。１つの土地を複数に分けたり（分筆という），逆に，複数の連続する土地を１つにまとめることは（合筆という），所有者の自由であるから，同じ１筆の土地といっても広さは様々である。また，分筆を予定して１筆の土地の一部を譲渡することも可能であるし，土地の一部の時効取得も認められている。

　(2)　建　物　　常識的に見て物理的外形的に独立性をもつと考えられる１棟を単位とする。ただ，分譲マンションなどの集合住宅の各住戸のように，１棟の建物のうち構造上独立した部分を１個の建物として，各区画のそれぞれに所有権が成立する例外が認められる（詳しくは→44頁以下）。

　(3)　立木・未分離果実　　こうした定着物は，すでに述べたように原則としては土地の一部である。しかし，立木登記や明認方法によって，土地から分離する前の段階で，独立の取引対象とすることが認められている（詳しくは→94頁以下）。

　(4)　集合物　　担保取引では，倉庫中の商品など，複数の動産をひとまとめに所有権の客体とする集合動産譲渡担保などが登場している（詳しくは→204頁以下）。

第3節　所有権の制限

1　土地所有権の特殊性

近代以前の土地所有権は政治的支配と不可分だった

　土地は人間の生活に不可欠で富の源泉と考えられてきたため，土地の所有権は，歴史的にも特殊な性質をもってきた。たとえば，封建制度の下では，所有権は身分制度による政治的な支配秩序と不可分に結び付いていた。つまり，国王は領主に領土の支配を認める代わりに，奉仕と忠誠などを求め，領主は農民に耕作を認める代わりに，奉仕と貢納などを求めた。ここでは，所有権は，それぞれの段階での身分的・政治的支配権をも含む形で現実的な支配を内容とし，1つの土地に重層的に成り立っていた。そのため，処分は禁止され（わが国ではたとえば永代売買禁止），使用収益も自由ではなかった（たとえば作付け内容の制限）。

市民革命で所有権は私的性質に純化した

　自由な商品取引を基盤として成り立つ資本主義経済が成立・発展すると，封建的な制約を免れた自由な所有権の概念が強調された。封建制を打ち破った市民革命においては，所有権は，人権の基礎である財産権の典型として神聖・不可侵の存在であるとされた（フランス革命における人権宣言などを参照）。また，経済社会が国家から独立して（「夜警国家」観にみられるように国家の役割は縮小した），所有権は私的な権利に純化した。さらに，公示制度の確立や取引の進展に伴って，所有権は現実の物支配と離れた観念的存在となっていった。第1節2で説明した所有権の典型的な性質が確立したのはこの頃である。

現代では再び所有権の社会性が強調される

　所有権の私的性質のみを一面的に強調して，それを神聖視・絶対視すると，かえって社会正義に反することになる。たとえば，資本主義初期には，労働者のストライキは資本家の財産権の侵害として犯罪とされた。貧富の差や資源の独占・不平等な配分も所有権によって正当化された。社会主義革命は，こうした弊害を根本から解消しようとしたのである。資本主義体制を維持した諸国でも，所有権の社会性が強調されるようになった。1919年のワイマール憲法153条がこの先駆けであり，日本国憲法29条2項や民法1条1項（日本国憲法の制定に伴って1947年に追加された）もこうした流れを受けて，財産権を含む私権は公共の福祉に適合しなければならないことを規定している。

所有権の制約は土地利用に関するものが多い

　所有権の社会性やそれを理由にする制約が強調されるのは，とりわけ土地の利用に関してである。それには土地の特殊性に基づく理由がある。土地は，人間の生存や生産活動に不可欠の存在であり，人口の増加と人間の活動の拡大により，土地の需要はたえず拡大する。しかし，土地は人為的に作り出すことが困難である。このため，需給バランスによる価格調整のメカニズムは働かず，土地の価格はたえず上昇傾向にあった。また，土地は時が経っても価値を減らすことがなく，利用によっても消費されない。こうしたことから，土地は投機と独占の対象となる。

　しかし，土地は限りある資源として，有効に利用されるべきであり，その利用も，良好な環境を確保するために，社会的な合意に従って計画的になされる必要がある。具体的には，土地についての基本理念を定める土地基本法（1989年）のほか，2に述べるように，種々の法令が，206条を通じて，所有権の内容を定めている。

2 法令による所有権の制限

206条にいう「法令の制限」には，1で述べたような理由から，土地の利用に関する公法上の規制が最も多い（ゴルフ場の開発規制など条例による場合もある）。土地取引の規制や土地利用の調整措置を定める国土利用計画法，地域別に土地の用途を定めて開発行為を制限する都市計画法，建築できる建物の構造や高さを詳細に規定する建築基準法などがその代表例である。ほかには，たとえば，警察上の取締目的から禁制品を定める銃刀法・麻薬及び向精神薬取締法，公共物の用途に合わせて使用などを制限する河川法・道路法，産業の特性に応じた規制を行う農地法・漁業法，環境保全を目的とする廃棄物処理法・自然環境保全法など，多種多様なものがある。民事法では，借地借家法・建物区分所有法（→44頁以下）などが重要である。

民法上の制限としては，相隣関係の規定がある（→3）。さらに，具体的な事件の特殊な事情を考慮して，所有権の行使が，権利濫用（1条3項）として否定される場合もある（→入門・総則〔第5版補訂版〕44頁）。

3 相 隣 関 係

相隣関係は土地利用を調整する

209条〜238条は，隣接する土地の利用を調整する規定であり，地上権については明示的に準用されているが（267条），賃借権などを含め土地利用一般に当てはまると解されている。これらの規定は，自分の土地の利用のために隣地を一定利用することができるとする点で，一面，土地所有権の拡張である。しかし，他面で，隣地の利用のために自分の土地の利用が制約を受ける点で，土地所有権の制限でもある。

相隣関係の規定は，①隣地の立入り・使用・通行に関するもの（209条〜213条），②電気・ガス・水道水等の継続的な供給を受けるための設備の設置や使用に関するもの（213条の2・213条の3），③取水・排水など水の利用に

関するもの（214条〜222条），④土地の境界に関するもの（223条〜233条），⑤境界線付近の利用制限に関するもの（234条〜238条）の５種類に分けられる。2021年の改正で修正されたり，新たに追加された規定もあるので，条文を一度は通読してみてほしい。ここでは，細かな説明は略して，全体的な特徴と，２つの問題だけを取り上げることにする。

相隣関係規定の全体的な特徴

土地の利用形態は地域によって多様であるので，民法の規定は一応の標準であり，地域ごとの特別な合意や慣習があればそれが優先する場合が多い（217条・219条３項・228条・236条）。工作物などの費用は利益を受ける程度に応じた分担が原則で，平等分担を定める規定が多い（213条の２第７項・221条２項・222条３項・223条・224条・225条１項・226条・227条ただし書・231条１項ただし書）。隣地所有権の負担は必要最小限を原則とし（209条２項・211条１項・213条の２第２項・220条後段），損害が生じた場合には 償 金を払う（209条４項・212条・213条の２第４項〜６項・222条１項ただし書・232条）。これは損害賠償とは異なり，適法行為による負担なので，故意・過失を要しない。所有権に対する制約の補償である。

公道に面していない土地にはどのように出入りするのか？

他の土地に囲まれて公道に面していない土地を 袋 地という。池沼・河川・水路・海を通らないと公道に至らない場合や，崖があって公道との間に著しい高低差がある場合を準袋地とよぶ。袋地や準袋地の所有者には，取り囲んでいる土地（囲繞地という）を通行する囲繞地通行権があり（210条），必要ならば通路を開設することができる（211条２項）。もっとも，囲繞地の所有者にとっては建物の建築が制限されるなどの不利益が生じるから，必要な限度で囲繞地に最も損害の少ない場所と方法を選ばなければならず（同条１項），損害に対しては償金を支払わなければならない（212条。→図２-１）。

図2-1　一般的な囲繞地通行権

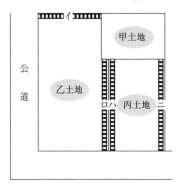

　　甲土地の所有者の囲繞地通行権は，囲繞地の最も損害の少ない場所に成り立つので，通常は囲繞地のどちらかの端になる（図のイ〜ニのいずれか）。通行できるのがイ〜ニのいずれになるかについては一般的な基準がなく，事例ごとの具体的事情によって決めるしかない。

　　かりにイに囲繞地通行権が成立するが，ニがもっと便利であれば，甲土地の所有者は丙土地の所有者との契約により通行権を設定してもらうことが考えられる。

図2-2　分筆によって袋地ができた場合

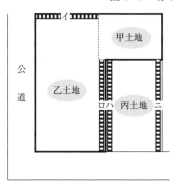

　　甲土地が袋地になったのが，図の太枠の一筆の土地を甲土地・乙土地に分筆した結果である場合には，囲繞地通行権は乙土地についてのみ生じ（イかロ），償金を払う必要はない。

囲繞地通行権は法定の通行地役権であり，その成立には隣地所有者の同意を要しない。

自動車の通れる道幅が確保できるか？

　自動車の通行が可能な道幅まで認められるかは，事例ごとの具体的事情によるが，裁判例では否定するものが多い。さらに，袋地に建物を建築するためには，敷地が道路に2m以上接しなければならない（接道義務。建基43条や条例による）が，裁判所は，この義務を満たして建物を建てる必要性を根拠に2m幅以上の囲繞地通行権を認めることには消極的である。建築法規と

民法上の通行権は別の問題だとの理由である。学説にはこうした形式的な理由付けを批判し，袋地・囲繞地双方の土地利用の必要性などを比較衡量して決するべきだとの主張も有力である。

囲繞地通行権では不便であったり道幅が足りない場合には，隣地所有者との契約によって，通行権を設定してもらう方法をとらなければならない（→17頁の**図2−1**）。これには当然，隣地所有者の同意が要る（→105頁以下）。

分筆によって袋地ができた場合はどうか？

土地の分筆によって新たに袋地ができた場合には，これによって他人所有の隣接地に通行権の負担を課するのは不合理であるから，分割地に通行地役権が生じ，償金を支払う必要はない（213条。→17頁の**図2−2**）。判例によると，囲繞地が第三者に譲渡されても，この結論は変わらない（→ケースのなかで1）。囲繞地通行権は囲繞地が負担するべき物権的な負担であり，通常は売買契約の代金額を定める際に考慮されるし（そうでなければ第三者は売主に562条以下の契約不適合責任を問える），分割による袋地の発生とは無関係の隣地所有者に負担を転嫁するべきではないからである。

ケースのなかで 1　**通行地役権は囲繞地所有者が変わっても消滅しない**

図2−2の状況で，通路を開設しないまま甲土地がXに，乙土地がZに売却された。通行権の存在を知らなかったZが乙土地に建物を建て石垣を築いたので，乙土地は事実上通行できなくなった。そこでXが，丙土地の所有者Yに対して，従来から通行してきたハの部分に210条による通行権を主張した。裁判所は，本文に述べるような理由でXの請求を棄却したが，この主張を認める余地があるとする少数意見が付されている。

《囲繞地通行権，特定承継，物権的な負担……最判平2年11月20日》

境界線ぎりぎりまで建物を建てることができるか？

建物を建てる場合，民法234条1項は境界線から50cm以上の距離を置く

ことを求めている。一方，建築基準法63条は，防火地域・準防火地域では耐火構造の外壁をもつ建物は境界線に接して建てられるとしている。境界線ぎりぎりに建てられた建物が民法234条1項に違反するとして隣人が違反部分の取壊しを求めた裁判で，両規定の関係が問題になった。最高裁は，建築基準法の規定は防火や土地の合理的・効率的利用を目的とする民法の特則であるとして訴えを退けた。しかし，少数意見もあり，建築基準法63条は日照・通風などを考慮していないし，日照・通風・家屋の修繕を考慮して距離をと

る必要があるとすると先に境界線一杯にまで建てた者だけが有利になって不合理であるなどと批判されている。建築基準法の立法時に民法との関係が十分考慮されていなかった点が根本的な問題である。

第4節　所有権に基づく物権的請求権

1　所有権を保護する様々な制度

　所有権の侵害に対しては，様々な形での保護が与えられている。財産権の典型として憲法上保護され（憲29条），所有権の侵害は，刑事処罰の対象となる（たとえば刑261条）。民法上も，所有権が侵害された場合には，加害者に故意または過失があれば，不法行為に基づいて損害賠償の請求ができる（709条）。所有者でない者が使用したり消費した場合には，その者に故意や過失がなくても，不当利得に基づいてその価値を金銭で返還請求できる（703条。不法行為や不当利得について，詳しくは債権〔第2版〕289頁以下に譲る）。

　これとは別に，支配を妨げられた所有者には，妨害を排除したり物を取り戻すなど，所有権のあるべき状態を回復する権利が認められる。所有権以外の物権にもそれぞれの権利内容にそって同種の権利が認められ，まとめて物権的請求権（物上請求権ということもある）とよばれる。この節では，所有権に基づく請求権を中心に，物権的請求権について説明する。

2　この権利はなぜ認められるか？

　民法には直接この権利を規定している条文はない。しかし，法が所有権を直接・排他的に物を支配する権利と認めている以上，その実現が妨げられている場合に，あるべき状態を回復することができるのは当然である。間接的

ではあるが，条文上の手がかりもある。事実的な支配にすぎない占有も占有訴権（197条～202条。→123頁以下）で保護されることと対比すると，法がより積極的に支配の正当性を認めている所有権には，同等以上の保護が認められないとおかしい。また，189条2項や202条などが定める「本権の訴え」は，まさしくこうした権利を示している。

3　請求権の種類と特徴

占有訴権の種類との類比で，この請求権につぎの3種類があることは，ひろく認められている。

妨害排除請求権

土地に無断で自動車が駐車されていたり，隣地の崖が崩れ落ちてきた場合のように，占有を全部奪う以外の形で，無権原の妨害物によって所有権の行使が妨げられていれば，所有者は，妨害をやめるよう請求することができる。妨害の原因が侵害者の故意や過失に基づくことは必要ではない。上の例で，自動車が泥棒によって乗り捨てられたものであったり，崖の崩落の原因が前所有者の工事であっても，妨害排除請求の相手方となるのは，妨害している物の現在の所有者（＝現在の妨害者）である。

妨害予防請求権

所有権が妨害されるおそれがある場合には，所有者は，妨害が発生することを待たずにその予防を請求できる。ここでも，たとえば，地震によって隣の建物が自分の建物のほうに倒壊しかかっている場合，建物の欠陥や維持・管理の過失が原因でなくても，妨害予防の請求ができる。ただ，この請求は，所有権保護の拡張であり，相手方の財産権や行動の自由を制約する程度が高いから，相当高度の確率で妨害の発生が客観的に予想されることが必要である。求めうるのも，妨害のおそれを取り除くのに必要最低限度の合理的な措

置に限られる。たとえば，倒壊防止工事で妨害予防が可能ならば，建物の取壊しまでは請求できない。

返還請求権

　所有者でない者が，所有者に対して主張できる根拠（権原とよばれる）もないのに物を全面的に占有していれば，その占有者は不法占拠者であり，そのことだけで，所有者はその物の返還を請求できる。

　泥棒から盗難品だと知らずに買い受けた者のように，占有の取得に故意や過失がなくても，返還義務を負う（ただし，193条の期間制限にも注意）。他方，すでに占有を失っている泥棒に対しては，不法行為に基づく損害賠償請求はともかく，その物の返還請求はできない。

　土地所有者に無断で建物が建てられている場合，建物所有者は，建物を所有することで土地を不法占拠していることになる。そのため，建物所有者が建物収去・土地明渡義務（土地の返還義務をこのように表現する）を負うことには争いがない。問題は，建物の登記名義人が所有者と異なる場合に，この名義人をも被告とできるかである。判例は，長い間，実質的所有者だけを被告とするべきであるとしてきた。しかし，学説の一部には批判が強かった。だれが建物の実質的所有者かを調査する負担を土地所有者に負わせるのは妥当でないからである。判例も，近年になって，登記名義人の責任を肯定する例外を認めた。不法占拠建物の所有権を自らの意思で譲渡しながら登記名義を譲受人に移転していない登記名義人は，所有権の喪失を主張できず（177条），建物収去義務を免れることはできない，というのである。

共通する特徴

　上に見たように，物権的請求権の成立には，客観的に所有権の実現が妨げられている不適法な状態またはそのおそれがあれば足り，侵害者や侵害を生じさせるおそれがある者に故意や過失を要しない。本来のあるべき状態が回

★ コラム⑥：廃棄物と妨害排除

何人もみだりに廃棄物を捨ててはならず，違反すると罰則もある（廃棄物16条・25条・26条）。所轄の行政庁は廃棄物に関して，必要な措置を命ずることができる（廃棄物19条の2〜19条の6）。では，民法上はどうか。物を捨てるのは所有権の放棄であるから，妨害物は無主物となり，元の所有者は現に妨害していることにはならないようにもみえる。しかし，法に反して他人の所有権を害するような所有権放棄は，権利濫用（1条3項）として認められず，元の所有者は妨害排除の義務を負い続けると考えるべきであろう。

廃棄物自体の除去までは容易に認められるとしても，巨額の費用を要する土壌汚染の回復まで妨害排除請求によって認めることができるか，処理を委託された廃棄物処理業者が勝手に不法投棄をしたが，倒産したのでその責任追及が困難な場合，委託者にそのような責任を負わせることができるかなどの問題には，いろいろな見解がある。環境を汚染する廃棄物を出した者と廃棄物に何の関係もない被害者を比べれば，廃棄物の元の所有者に，それがきちんと処理される結果についてまで重い責任を負わせてもよいように思われる。

★ コラム⑦：契約当事者間での物権的請求権

たとえば特定物の売買契約で，買主が契約締結によってただちに所有権を取得するとすれば（このこと自体大きな問題である→50頁以下），買主は売主に対して契約に基づく引渡請求権（債権）と所有権に基づく引渡請求権をもつ。両者の関係がどうなるかは，いわゆる請求権競合問題の1つの場面としてたいへん難しい問題で多くの議論がある。

両者が単純に競合し権利者はいずれの主張もでき，効果も相互に無関係であるとすれば，不合理な結果が生じる。たとえば，所有権に基づく請求が単純に認められるとすれば，代金支払と引換えでなければ引き渡さないという売主の利益（533条の同時履行の抗弁権）が無視される（もっとも，留置権の主張は可能）。消滅時効期間が経過した場合には，買主は代金債務を免れながら所有権を取得できることになる。契約関係は，所有者と非所有者の一般的な関係を覆う特別な関係なので，契約関係の規律が所有関係の規律に優先するという考え方（特別法は一般法に優先するという考え方と同じ）が，有力になっている。これによれば，買主が所有権に基づく請求権を行使したときにも，売主には同時履行の抗弁権が認められ，この抗弁権は消滅時効後も主張できる（抗弁権の永久性という）。

復されるにすぎないからである（現存価値の不当利得返還請求権に故意や過失を要しないのも同じ理由である。物権的返還請求権とこの種の不当利得返還請求権は，権利の帰属秩序を保護する点で機能を分担している）。この点が，加害者自身の財産の負担で損害を補塡させる不法行為に基づく損害賠償請求権とは異なる。

　また，物権的請求権は，物権を保護する手段的な権利であり独立した権利とはいえないから，保護される物権本体と別にそれだけが消滅時効にかかることはなく，物権的請求権だけを譲渡することも認められない，と解されている。

4　何を請求できるか？

いろいろな考え方が対立する

　判例は，不可抗力に起因する場合を除いて，被告の費用で原状回復行為を求めることができるとする（行為請求権説）。通説も，原則的にこれを支持しつつ，自己の費用で侵害を除去する行為を相手方に忍容（受忍ともいう）させることができるにすぎない例外的な場合があるとしている（例外を認めるべき場合については見解が一致しない）。これに対して，過失責任原則を重視する反対説も有力である。物権的請求権は忍容請求権にとどめ，費用は相手方に故意・過失がある場合に不法行為による損害賠償請求で処理するべきだとする考え方（忍容請求権説）や，相手方に故意・過失がある場合には行為請求権，ない場合には忍容請求権と分ける考え方（責任説）である。さらに，費用は折半とする考え方もある。

対立の焦点は故意・過失のない場合の費用負担

　実際の除去行為は第三者に請け負わせて，費用を回収できればよい。また，当事者のいずれかに故意・過失があれば，不法行為を理由とする損害賠償請求によって最終的にその者が費用を負担するべきことには異論はない。したがって，問題の核心は両当事者に故意・過失がない場合に費用をだれに最終

的に負担させるかである。

近年の比較的多数の考え方

　行為請求権説によると盗難自動車が土地上に放置されている場合，土地所有者の妨害排除請求権と自動車所有者の返還請求権が衝突し，早い者勝ちになって不合理である。忍容請求権説や責任説では，自動車所有者に故意・過失がない限り，逆に，忍容請求権同士が衝突し，費用は権利を行使する側が負担することになる。しかし，地震で建物が倒壊しそうな場合に倒壊防止措置を求める側に費用を負担させるのは妥当でない。かといって費用折半には，積極的な根拠がない。

　占有訴権が行為請求権であると解されていることとの均衡からすると，やはり行為請求権説が原則として妥当であろう。そのうえで所有物の性質や取引上の危険の配分などから，問題の侵害状態は所有者としてだれが本来負担するべき危険が実現したものなのかを考慮し，どちらが侵害者なのかを法的評価によって定めれば，衝突問題は生じない。自動車の例では，動く自動車と動かない土地を比べれば，場所的移動によって侵害状態が生じる危険は自動車所有者が負担するべきである。自動車が土地を侵害しているのであってその逆ではない（**ケースのなかで2**も同様に理解できる）。建物倒壊の危険は，それが不可抗力に基づくものであっても，建物所有者が負担するべきである。もっとも，地震による建物倒壊の危険の例などでは，不可抗力による被災にどのような公的援助ができるかをも考えるべきであり，民法の範囲だけの問題ではない。

　ケースのなかで2　**借家に据え付けられた機械の貸主は家主に対し撤去義務を負う**

　Aは，Xから賃借した建物の中にYから賃借した機械を備え付けた。建物賃貸借契約が解除されて，建物はXに返還されたが，機械は撤去されなかった。そこ

でXが所有権侵害を理由にYに損害賠償を求めたところ，Yは，Xに対して原状回復義務を負うのはAであってYではないと主張した。裁判所は，放置された機械はXの建物所有権を侵害しており，機械の所有者Yは撤去義務を負うとした。

《損害賠償請求，妨害排除請求，賃貸借終了……大判昭5年10月31日》

5 返還義務者の利益はどのように考慮されるか？

たとえば盗品の買主は，たとえ過失なく盗品と知らなくても所有権を取得できず，被害者の所有権に基づく返還請求を拒めない（193条）。だが，返還までに使用して得た利益やその物の修理に要した費用はどうなるだろうか。民法は占有の個所に，返還義務者を保護する規定を置いている。

善意の占有者は果実を返さなくてよい

自分に所有権があると誤信した占有者（善意占有者）は，果実を返さなくてよい（189条1項）。果実には，返還するべき物を他人に貸して得ていた賃料などの法定果実や自分が利用して得た使用利益も含まれると解されている。

これに対して，悪意占有者は，果実を返還しなければならないだけではなく，消費した果実や収取を怠った果実相当の価値をも返さなければならない（190条1項）。善意であっても実力で他人から奪ってきたり秘かに持ち出した者は悪意占有者と同じ責任を負う（同条2項）。また，返還請求などの訴えを受けた者は，当時自分が所有者であると信じて争っていたとしても，敗訴すれば訴え提起の時から悪意占有者と扱われる（189条2項）。

返還するべき物に投じた費用は一定限度で償還してもらえる

物の維持・管理に要する費用（必要費という。たとえば修繕費や税金）は，本来所有者が負担するべきものだから，占有者が代わって支出した場合には，占有者の善意・悪意に関係なく，所有者から償還を受けることができる（196条1項本文）。もっとも，占有者が果実を収取していて返還する必要が

ない場合には，通常の必要費は占有者の負担となる（同項ただし書）。通常の必要費を超える部分（大修繕費など）は償還請求できる。

　これに対して，物を改良するかどうかは所有者の判断に委ねられることなので，改良の費用（有益費という。たとえば借家の給湯装置を立派なものに取り替える費用）の償還をそのまま認めるのは適当でない。そこで，所有者は，改良に要した費用と改良によって物に現存している増価額のいずれかを選択して償還すればよい（低い方を選択することになろう。196条2項本文）。

占有者は，必要費・有益費の償還を確実に受けられるように留置権（295
条１項）を主張することができる。ただし，悪意の占有者が支出した有益費
の償還については，申立てに基づいて相当の期限が猶予されることがあり
（196条２項ただし書），この場合には留置権は主張できない（295条１項ただし書）。

返還するべき物を壊しても善意の自主占有者は責任が軽い

　返還するべき他人の物を故意・過失によって壊せば，一般的には不法行為
として損害賠償責任を負うはずである（709条）。しかし，自分の所有物はど
のように処分しようとかまわないから（206条），自分の所有物だと信じてい
る者（善意の自主占有者という）は，現に利益を受けている限度でしか責任を
負わない。悪意の占有者や，善意であっても所有の意思をもたない占有者
（他主占有者という。たとえば貸主の所有物でない物をそれとは知らずに借りていた
者など）は，通常通りの責任を負う（191条）。

第5節　所有権の取得

1　承継取得と原始取得

　所有権は，売買・贈与などの契約や相続によって取得される場合が多い。
これらは，あたかもリレーのバトンのように前の所有者の所有権を引き継ぐ
形で所有権を取得するもので，承継取得という。承継取得では，前の所有者
が設定した地上権や抵当権などの制限物権は，所有権の負担として引き継が
れることになる。
　これに対して，新しく所有権が発生する場合を原始取得という。狩猟や漁
獲，原材料となる鉱物や石油などの掘採のように目的物が新たに人間の支配

下に入る場合のほか，すでにだれかに属している所有権が法律の規定によって別の者に取得される場合も原始取得に入る。原始取得では以前の所有権の負担は引き継がれない点が，承継取得と異なっている。

239条以下の「第2節　所有権の取得」で規定されているのは，原始取得のごく一部であり，実際の重要度から見れば例外的なものである。最も重要な承継取得については，意思表示に基づく所有権の変動として**第3章**で詳しく学ぶ。そのほか，債権各論の売買・贈与などの説明や，家族法の相続の説明もあわせて勉強してほしい。また，原始取得についても，以下で説明するもののほか，民法総則で勉強した時効取得（→入門・総則〔第5版補訂版〕204頁以下）が重要なので，復習しておいてもらいたい。

239条以下の規定は，2つのグループに分けられる。第1は，所有者が存在しないかわからない物についての規定であり，第2は，所有権の目的物が結合するなどして，新しく1つの物ができた場合の規定である。

2　無主物先占・遺失物拾得・埋蔵物発見など

(1)　無主物先占　　ゴミ置き場から家具を拾ってくる場合のように，所有者のない動産（無主物という。ロスト・ボールはゴルフ場の所有となるので無主物ではない）は，所有の意思をもって占有した者が所有者となる（239条1項）。これに対して，所有者が存在しなくなった不動産は国の所有物となるから（同条2項），無主物先占の対象とならない。なお，不動産所有権の放棄自体が容易には認められない（→31頁の**コラム⑩**も参照）。

(2)　遺失物拾得　　盗品以外で占有者がその意思に基づかずに占有を失った物を遺失物という。物を落としたり置き忘れたりして占有を失っても，所有者が遺失物の所有権を直ちに失うわけではない。拾得者は，その遺失物を，拾得後速やかに遺失者がわかればその者に返還するか，遺失者がわからなければ警察署長等に提出しなければならない。公告がされても3か月以内に所有者がわからない場合には，拾得者は，遺失物の所有権を取得できる（240

条および遺失物法を参照。所有者がわかれば拾得者は5％～20％の報労金が請求できる）。所有権取得後2か月以内に拾得者が引き取らないと，遺失物の所有権は都道府県などに帰属する。

(3) **家畜以外の動物の取得**　　所有者から逃げた動物は無主物とはならないから，所有者がいる家畜は，遺失物として扱われる。しかし，所有者がいると思えない家畜以外の動物を無主物と信じた拾得者は，遺失物拾得の手続をとらなくてもよい。逃げたときから1か月間所有者から返還請求を受けなければ，その所有権を取得できる（195条）。195条は本来240条の次あたりに置かれるべき規定である。

(4) **埋蔵物発見**　　地中に埋められた小判のように，他の物の中に隠れている物が埋蔵物である。埋蔵物は，所有者がいるはずだがそれがだれかはわからない点で遺失物と似ており，遺失物法の手続によって，遺失物同様に発見者が所有権を取得できる（241条本文。遺失物と異なって6か月が基準である）。ゴミ置き場から拾った家具の中から宝石を発見した場合のように，自己の所有物（家具は無主物先占によって発見者が所有者になっている）の中の埋蔵物では，発見者が単独で所有者となる。これに対して，他人の所有物の中から発見した場合には，その所有者と発見者の共有となる（同条ただし書）。土地に埋蔵された文化財は，これらの規定の例外で，国や都道府県の所有物となり，発見者と土地所有者には報償金が支給される（文化財104条・105条）。

3　添　　付

添付とは

所有者の異なる物が合体されたり，物が所有者以外の者によって加工されて，新しく1個の物ができる場合がある。元通りにすることが困難であったり，過大な費用がかかって社会経済上不合理な場合には，分離復旧は公益的な見地から望ましくない。そこで，以後，できた物を1つの物として扱い，その所有者を決める必要がある。添付は，このような場合（付合・混和・加

　過疎地の不動産やゴミ屋敷となった建物など，売ろうとしても買い手がつかず，管理費などの負担がその不動産から得られる利益を上回るものは，「負」動産とよばれることがある。所有者には処分の自由があるから不動産所有権を放棄して国の所有物にする（239条2項）ことができそうだとも考えられるが，国に負担を押し付ける土地の所有権放棄は権利濫用であるとした下級審裁判例がある。

　2021年に制定された「相続等により取得した土地所有権の国庫への帰属に関する法律」（相続土地国庫帰属法と略称）は，相続人が相続や遺贈により取得した土地に限り，一定の要件を備えたもののみ，国への帰属を認めることとした。ただ，要件が厳しく限定され，かつ，10年分の土地管理費相当額の負担金の納付が必要であるため，同法による「負」動産の放棄は難しい。

　AがB所有のササニシキを質として預かっていたところ，このササニシキがC所有のコシヒカリと混和してしまった場合を考えよう。①Bのササニシキが圧倒的に多くて主たる動産となりBだけがブレンド米の所有者になれば，Aの質権はブレンド米全体の上に存続する。②BCが各人の所有していた米の割合によってブレンド米の共有者となれば，Aの質権はBの共有持分の上に存続する（以上247条2項）。③Cのコシヒカリが圧倒的に多ければ，Cがブレンド米の所有者になり，Bの所有権もAの質権も消滅する（同条1項）。しかし，BはCに対して償金請求権を取得し（248条），Aは物上代位（350条・304条）によって，この請求権の上に質権の効力を及ぼし，優先権を確保できる。

エ）の総称である。

　ただ，所有権の帰属は，関係者間の契約によって明示または黙示に定められる方が多い。たとえば，注文者の生地を使って背広を仕立てる契約では，その結果著しく価格が増加しても，246条2項によらず，注文者が所有権を取得する。したがって，242条以下を適用する必要が生じる場面は少ない。

不動産の付合

土地に木を植えたり，フローリング用に床板を敷いた場合，木や床板など

の動産の所有権は，土地やビルなどの不動産所有権に吸収される（242条）。複数の建物が合体された場合のように，不動産同士が付合する場合もある（この場合には243条・244条を類推して所有権の帰属を決めることになろう）。これに対して，建物は常に土地とは別個独立の不動産とされているので，建物が土地に付合することはない。

　土地の賃借人・地上権者・永小作権者など不動産を利用する権利（権原）をもつ者が土地に農作物や樹木を植えた場合，独立した経済的価値を有するこれらの物は，不動産に付合しない（242条ただし書）。通常の不動産利用契約からすれば，これらの者が他人の土地上で育成した植栽物を収穫して自由に処分できるのは当然であり，ただし書は，これを確認する規定である。逆に，無権原の者が植えた物などは土地に付合する，とするのが判例であるが，植栽者を保護するための慣習を理由にこれに反対する見解もある。

動産の付合と混和

　機械に他人所有の補修部品を溶接してしまったり，自動車に他人の塗料を塗った場合のように，所有者が異なる動産同士が分離ができない形に結合されて独立性を失い1つの合成物となった場合（したがって，自分のパソコンに自分の部品をねじ止めしても付合を考える必要がない）が，動産の付合である。31頁の**コラム⑪**のように所有者が異なる穀物や液体などが混ぜ合わされてどれが各自の物か識別できなくなった場合が，動産の混和である。

　元の物の価格などから判断して主従があれば，合成物・混和物は主たる動産の所有者に帰属する（243条・245条）。主従の区別ができない場合には，元の物の所有者が価格割合に応じて，合成物・混和物の共有者となる（244条・245条）。

加　　工

　布から服を作るとか，小麦を製粉して小麦粉にする場合のように，他人の

動産に工作を加えて新しい物を作る場合が加工である。できた加工物は，原則として材料提供者に帰属する（246条1項本文）。しかし，工作によって価値が増えた分（加工者が材料の一部を提供した場合にはその価格を加算する。同条2項）が材料の価格を著しく超えるときには，逆に，加工者が加工物の所有権を取得する（同条1項ただし書）。

　不動産を加工しても，246条は適用されず，加工者が加工物の所有権を取得する余地はない。たとえば，建物の建築中に請負人が交代した場合，建築中の建物が請負人の交代前にすでに独立した不動産になっていれば（→10頁），完成した建物は前の請負人が取得する。これに対して，後の請負人の工事によって独立した不動産となったとすれば，246条2項によっていずれかの請負人に完成した建物の所有権が帰属することになる。ただ，建築請負契約では請負人ではなく注文者が完成建物の所有権を取得する，との考え方も有力であり，それによれば完成建物はつねに注文者に帰属する。

添付の結果は償金によって調整される

　添付の結果，新しい物の所有者（共有の場合を含む）となれなかった者には，元の物の所有権を失ったことや加工に労力を費やしたことへの補償がなされる。すなわち，これらの者は，所有権を取得した者に対して，元の物や労力の相当価格として，償金を求めることができるのである（248条）。

第6節　共同所有

1　共有には特有のルールが必要である

たとえばA・B・Cの3人が3万円・5万円・7万円を出して，ノートパ

ソコンを購入した場合を考えよう。3人に所有権があることはたしかであるとしても，各人がそれを独占使用したり，ほかの2人に断わりなく売り払うことはできない。A・B・Cのそれぞれの所有権は互いに制約しあっており，共有は一物一権主義の例外であるとともに自由な所有権の例外でもある。249条〜262条は，単独所有の場合とは異なる共有関係につき，特有のルールを定めている。

　共有関係は，上の事例のほか，共同で行う物の製作，動産の付合や混和（244条・245条），さらに学説に異論はあるが共同相続（→43〜44頁）などによって生じる。

2　共有者間の内部関係

各共有者は処分の自由な持分権をもっている

　共有者A・B・Cはパソコンに対して，割合（これを持分とか持分割合という）に応じた権利をもっている。これを持分権という。持分は，当事者の合意や法律の規定によって定まるが，それがなければ平等である（250条）。この例では，分担する金額に応じて，それぞれ3/15，5/15，7/15と考えられよう。なお不動産では持分は登記しなければならない（不登59条4号）。

　持分権は量的に制約された各人の所有権であり，他の共有者の同意を得ずに処分することが可能である。たとえばCが持分権をDに譲渡すると，Cは共有関係から抜けて代わりにDが加わり，A・B・Dの共有関係に変わる。持分権は，通常の所有権同様に相続の対象ともなる。

　共有者の1人（たとえばA）が持分権を放棄したり，死亡してその相続人がない場合には，持分権が消滅して，残りの共有者の持分が拡大する（255条。B・Cの持分は5/12，7/12となる）。これを共有の弾力性とよぶ。

共有者は持分の範囲内では共有物全部を使える

　共有者は持分に応じて共有物全部を使うことができる（249条1項）。共同

　数代の相続がされても所有者の登記名義がそのままになっていたり，登記名義人が住所を変えたのに住所変更の登記がされていないと，不動産登記簿を見ても現在の所有者が判明せず，または所有者はわかってもその所在がわからない。戸籍簿や現地の調査には多大な時間と労力を要するため，こうした不動産の利活用には支障が生じていた。また，管理されずに放置された不動産は，周辺環境の悪化にもつながっていた。この問題は，所有者不明土地問題とよばれるが，建物の所有者不明や管理不全の場合を含み，少子高齢化に伴い深刻化した。

　そこで，2021年に所有者不明土地関連の法改正（民法・不動産登記法等の改正，および，相続土地国庫帰属法（→31頁の**コラム⑩**）の新設）が行われた。この改正は，所有者不明土地の発生の防止のみならず，土地の適正な利用および相続による権利承継の一層の円滑化を図るため，広範な規定の整備を行っている。

　主要な点を挙げると，所有者不明問題の発生予防として，①相続登記や住所変更登記を義務化し，②相続開始後10年以内の遺産分割を促進した。土地利用の円滑化として，③相隣関係（→15頁以下）・共有（→42頁の**コラム⑬**）などの規定を見直し，④所有者不明土地・建物や管理不全土地・建物について，その管理者を置いて管理をさせる制度（264条の2〜264条の14）を新設した。

で購入したパソコンの例では，持分割合の3：5：7の範囲内では，各共有者は，他の共有者に断らなくても，自由に共有パソコンが使える。もっとも，共有物は他の共有者の所有物でもあるから，善良な管理者の注意をもって使用する義務を負う（同条3項）。

持分を超える使用はできない

　持分を超える使用は，他の共有者の持分権を害することになるので，少なくとも害される共有者の承諾がないと適法な共有物の使用とはいえず，承諾をしていない他の共有者は，持分権の侵害を理由として，単独で，そのような使用の停止を求めることができる。また，無償使用を許諾する共有者間の合意がなければ，他の共有者は，持分を超える使用の対価の償還を求めることができる（249条2項）。自らの持分権の限度で損害賠償請求（415条または709条）も可能である。

　もっとも，独占者も持分権をもっているので，共有物の全面的な使用禁止

や共有物の引渡しを求めることはできない，とされている。

使用を含む共有物の管理は多数決で決められる

共有者間で紛争を生じないように，具体的な使用方法やそのルールを決めておく必要がある。使用方法の決定は，共有物の管理に関する事項として，共有者全員が協議したうえで，最後は多数決で決めることができる（252条1項前段。同項後段は，3項との対比で，共有者間の決定に基づかずに共有物を勝手に使っている共有者の使用継続の利益は保護に値しない旨を定める）。反対した共有者もその決定には拘束される。

短期賃貸借権などの共有物の使用・収益権の設定は，多数決で決められる管理行為である（252条4項。602条とほぼ同内容）。

持分の多数を占める者（多数持分権者）が，全員での協議をせずに使用方法を決め，あるいは第三者に貸す契約を結んでも，その決議や契約に関与していない共有者は，それに拘束されない。情報交流をふまえて意見を述べる機会が保障されていない決定は，決議の前提を欠いて多数決とはいえないからである。

多数決には限界もある

共有者間の決定に基づいて共有物を使用する共有者が，多数決による使用方法の変更によって特別の影響を受ける場合には，同人の承諾が必要である（252条3項）。規定はないが，持分と著しく異なる使用方法の多数決には，それにより持分権を害される共有者の承諾が必要だろう。

管理者による管理も可能

管理につき，いちいち協議と決定を行うわずらわしさを避けるため，共有物の管理を行う管理者を定めて，管理者に管理を依頼することもできる。管理者は，共有者全員の同意を得なければ共有物に変更を加えることはできず

（252条の2第1項），共有者の管理に関する事項の決定に服する（同条3項）。決定から逸脱した管理者の行為は，共有者に対して効力を生じないが，共有者は，善意の第三者には無効を主張できない（同条4項）。

保存行為は単独でできる

　管理行為のうちでも，たとえばパソコンの修理など共有物の価値を現状において維持するための行為（保存行為）は，共有者各人が単独で行うことができる（252条5項）。また，共有土地から隣地に越境した木の枝の切除は，保存行為には当たらないが，妨害排除義務の履行にすぎず，隣人からの請求に応じて，共有者各人が単独でできる（233条2項）。

管理費用の分担

　修理代金や必要な消耗品の費用など管理の費用は持分に応じて分担し（253条1項），支出した者は他の共有者から償還を求めることができる。1年以内に償還に応じない者がいるときは，他の共有者は相当の償金を払って強制的にその持分を譲渡させることができる（同条2項）。また，共有物に関して共有者間に発生する債権は，持分の譲渡によって代わって共有者になった者に対しても主張できる（254条）。この債務は持分権に対する一種の物的な負担である。

共有物の変更には全員の同意を要する

　パソコンを大改造するなど共有物を変更するには，共有者全員の同意が必要である（251条1項）。ただし，共有物の形状又は効用の著しい変更を伴わないものは，管理に関する事項とされる（同項および252条1項の括弧書き）。パソコンの廃棄や売却などの処分も変更に含まれる。

　管理や変更につき共有者間でどうしても折り合いがつかなければ，持分権を譲渡して共有関係から離脱するか，分割請求（→39頁以下）によって共有

関係を解消するほかない。

共有者間での持分の主張は単独でできる

共有者間で持分の存否や割合を争う者がいる場合には，争う者だけで訴訟をすればよい。たとえば，BのみがAの持分を争うときには，AはCを巻き込むことなく単独でBのみを被告として持分権の確認請求などを行うことができる。

3　共有者以外の第三者に対する対外関係

共有関係自体を第三者に対して裁判で主張するには，全員が揃わなければならず，これを固有必要的共同訴訟という。一部の者だけを当事者とする訴訟は不適法却下されることになる（主張の当否を問題にする以前の，いわゆる門前払である）。こういう扱いには理由がある。一部の者だけによる訴訟を認め，訴訟当事者となっていない者に判決の効力（既判力）を及ぼすと，とくに敗訴の場合，その者の手続保障に欠ける。とはいえ，訴訟当事者になった者だけにしか既判力が及ばないとすると，今度は相手方が残りの者に対して同様の訴訟を繰り返さなければならず，相手方にとっても裁判所にとっても過度の負担で訴訟経済に反することになるからである。

これに対して，各人の持分権のみの主張は単独でできるが，その効力は他の共有者には及ばない。単独の損害賠償請求は持分の限度でしかできない。

さらに，不法占有者などに対する妨害排除や返還請求，不法な登記の抹消請求などは，各人が単独でできる。ただ，この結論を導く構成には，判例の中にも，①不可分債権として428条を類推するもの，②252条ただし書の保存行為と考えるもの，③目的物全体に及ぶ持分権の当然の効果と考えるものの3種がある。

4 共有関係の解消

分割請求は原則として自由にできる

各共有者は共有物の分割を求め，共有関係をいつでも解消できるのが原則である（256条1項本文。→**ケースのなかで3**）。もっとも，境界線上の共有の壁などのように，性質上，共有関係の解消が無意味な場合には分割請求はできない（257条・229条）。共有者の間で不分割特約をすることは認められており，この特約は持分権を譲り受けて新たに共有関係に入った者に対しても主張できる（254条。ただし，不動産については登記が必要である。不登59条6号）。しかし，不分割特約の拘束力は最長でも5年に限られており，特約の更新も同様である（256条1項・2項のただし書）。

このように分割自由が原則とされたのは，団体的な制約を加える必要性が乏しい場合は，単独所有の方が物の効率的な利用や改良を促進するのに適切である，との判断に基づいている。分割自由の原則は，持分権譲渡の自由と並んで，一般の共有が一時的な例外であるとの考え方を表している。

ケースのなかで 3　分割請求を禁止する規定は違憲である

森林法旧186条は，森林の細分化を防ぐことによって経営の安定を図る目的で，持分2分の1以下の共有者は分割請求できない旨を定めていた。父Aから持分2分の1の贈与を受けたXが，同じくAから2分の1の贈与を受けたYを相手に分割の請求をした。裁判所は，規制目的は公共の福祉に合致するとしたものの，つぎのような理由で，規制には合理性が欠け違憲無効だとした。すなわち，2分の1ずつの持分をもつ共有者の間で意見が対立すると管理・変更ができず森林の荒廃を招きかねない。協議による分割や遺産分割が認められることとの対比で，少数持分権者からの分割請求だけを禁じることは合理的でない。分割には多様で柔軟な方法が許されるので分割請求を認めても細分化防止の目的は達成できる。

《森林法，分割自由の原則，規制の合理性，違憲……最大判昭62年4月22日》

当事者の合意によればどのような分割も自由である

　共有物を分割するには，いくつかの方法がある。広い土地なら分筆してい
くつかの土地に分けることも可能であるし，大量のミカンのようなものなら
山分けも可能であろう。これを現物分割という。分割の結果が厳密に持分と
比例しない場合には，過不足分を償金支払で調整することになる（一部価格
賠償）。これに対して，狭い土地を現物分割するとさらに狭くなって使いに
くくなるし，1頭の競走馬のようにそもそも現物分割できないものも多い。
こうした場合には，共有物を売却してその代金を分ける価格分割ができる。
両者の中間的な解決として，共有物を共有者の1人の単独所有とするか数人
の新たな共有とし（この場合には共有関係の一部解消ということになる），共有関
係から脱落する者に対して償金を支払う全面的価格賠償という方法をとるこ
とも可能である。分割は共有物の処分に当たるから，共有者全員の合意が必
要だが，合意さえできれば，どのような方法をとるかは自由である。

協議が調わない場合には裁判所に分割を求めることになる

　一部の共有者が話合いに応じないとか，意見が分かれて協議が調わない場
合には，各共有者は，他の共有者全員を被告として，裁判所に共有物分割の
訴えを起こすことができる（258条1項。固有必要的共同訴訟である）。現物分割
が原則であり，分割が不能の場合や分割によって著しく価格を損なう場合に
は，裁判所が共有物を競売して（民執195条）価格分割を行う（258条3項）。
裁判所は，現物分割を柔軟に運用してきた。たとえば，現物分割による過不
足分を償金支払で調整する方法や（一部価格賠償），共有物が複数ある場合に
それぞれが単独所有になるように分割する，分割を請求する者の持分の限度
でのみ現物分割をして残りをその他の共有者の共有物として残す（一部分割），
などの方法がとられてきた。

　さらにすすんで，最高裁は，諸般の事情を総合的に考慮して，共有物を特
定の共有者に取得させるのが相当であること，価格が適正に評価されること

および取得者に支払能力があり共有者間の実質的公平を害しないこと，という特段の事情があれば，全面的価格賠償による分割もできる，とした。2021年改正により，この趣旨の条文が追加された（同条2項2号・4項）。

また，相続開始後10年以内には遺産分割が通常の共有物分割等に優先する旨も明記された（258条の2・262条の2第2項・3項，262条の3第2項）。

共有物の分割には持分の交換または売買としての効果が与えられる

現物分割は各共有者が持分を交換することにより行われる。全面的価格賠償は，単独所有者となった者が他の共有者の持分を，償金を支払って買い取ることで行われる。そこで各共有者は，他の共有者が分割によって得た物に欠陥などがあれば，売主と同様の責任を負う（261条）。共有物に関する証書を保存する義務もある（262条）。

たとえば，ＡＢＣの共有するパソコンの分割によってＣが単独所有者となった場合，Ｃは通常欠陥がないことを前提としてＡ・Ｂに償金を支払っている。そこで，パソコンに欠陥が見つかり多額の修理費用がかかれば，Ａ・Ｂは，持分割合で計算した修理費用を損害として，それぞれＣに賠償する義務を負うことになる。

協議による分割なら当事者の合意によるから，261条はなくてもよい当然の規定である。これに対して，裁判上の分割は当事者の意思に基づかない。この場合にも担保責任が生じることを定める点に，261条の存在意義がある。

5　特殊な共同所有形態

共同所有の形態には，上に述べた一般的な共有とは異なるものがある。これらの場合には，共同所有者間の団体的な拘束が強く，持分権の譲渡や分割請求が制約されたり否定される。本文をひととおり読んだ後で，43頁の**表2-3**の整理で確認するのがよい。

組合財産の共同所有は合有とよばれる

　A・B・Cの3人が出資してプログラム開発を計画したとしよう。A・B・Cは株式会社などの会社を設立することもできる。会社を作った場合であれば，事業のために買い入れたパソコンは，会社の単独所有となり，A・B・Cは会社の株式などをもつだけで，会社の財産に直接的な所有権をもたない。これに対して，A・B・Cが組合を作った場合には，組合には原則として法人格がないから，事業のために買い入れた組合財産であるパソコンも，組合員の「共有」になる（668条）。

　しかし，事業が継続している間に，パソコンの持分権を処分したり，分割請求ができるとなると，共同の事業を営むという組合契約の本来の目的（667条）が達成できない。そこで，組合員は持分権をもつものの，その処分は組合や組合の債権者などに対抗できず，組合の清算前には分割請求もできない（676条），という制約が設けられている。組合員は，せいぜい組合から脱退して持分の払戻しを受けることができるにすぎない（681条）。このように組合財産の共同所有関係は一般的な共有とは異なるため，合有とよんでこ

表2-3 共同所有の諸形態

	一般の共有	合　有	総　有
例	数人が出資して購入した競走馬・別荘	組合財産として取得したパソコン	共有の性質をもつ入会権, 同窓会館
持分権	有	有（ただし潜在的）	なし（団体構成員としての利用権のみ）
持分権の譲渡	できる	できるが, 対抗できない	できない
分割請求	原則として, いつでも可能	原則として, できない（組合なら脱退による清算は可能）	できない
団体による拘束（結合関係の永続性）	団体性はきわめて希薄で, 結合関係は一時的	団体性は弱いが, 個人の権利は共同の目的に拘束される	構成員の権利はむしろ永続的な団体所有の実質の反射でしかない

★ コラム⑭：準　共　有

　数人が所有権以外の財産権を共同で保有する場合を準共有とよび, 共有の一般の規定が性質の許す限りで準用される（264条）。もっとも, 債権については, 原則として分割債権関係となる（427条）。分割されない場合も不可分債権（428条）・連帯債権（436条以下）などとして債権総論で詳しく論じられている（債権〔第2版〕68頁以下）。また, 形成権については, 解除権の不可分性の規定（544条）がある。264条が意味をもつのは, 借地権・抵当権等など限られた場合にすぎない。

れとは区別している（→債権〔第2版〕279頁以下）。

遺産の共有は一般の共有と合有の中間だとも考えられる

　相続人が複数いる場合の相続された遺産は, 最終的に分割されるまで相続人の共有に属する（898条）。この共有はたしかに暫定的なものではあるが, 家族間で成立し, 被相続人の債務を清算して遺産を遺族に適正に分配するという特別な目的をもっている。そのため, 一般の共有とは異なる様々な特別規定が置かれている。たとえば, 共同相続人の1人が分割前に相続分（遺産全体に対する抽象的な持分権を指す）を第三者に譲渡した場合には, 他の共同相続人はこれを買い戻すことができる（905条）。遺産分割の基準には一切の事情が考慮され（906条）, 協議が調わない場合の手続も家庭裁判所の家事審

判で行われる（907条2項，家事191条以下）。遺産分割には遡及効がある（909条）。これらの特殊性を説明するため，学説の一部では合有説が有力に唱えられている。判例・多数説は共有説を維持しているが，遺産共有は一般の共有と合有の中間だとも考えられる。いずれの説によっても，遺産共有の特殊性を考慮した処理が必要なことはひろく認められている。

実質的な団体所有にあたるものは総有とよばれる

集落が団体として山林を管理している場合や，大学の同窓会が同窓会館を建てる場合，集落住民や同窓会員は団体の規約に従って利用できるだけであり（入会権に関して→109頁のコラム㊲），山林や同窓会館の所有権は，実質的には集落や同窓会という団体組織に帰属していると見るべきであろう。こうした団体が法人格をもっていれば，団体の単独所有と考えられるが，法人格がない団体では（「権利能力のない社団」とよばれる。→入門・総則〔第5版補訂版〕84頁以下），個々の構成員に権利が帰属すると考えるほかない。かといって，持分権の譲渡や分割請求を認めることは，団体所有の実質と矛盾する。そのため，この種の共同所有を総有とよんで一般の共有や合有と区別し，持分権を認めず，団体所有の実質を確保することが一般に承認されている。

第7節　建物区分所有

1　分譲マンションなどを規律する建物区分所有法

1棟の建物については1つの所有権しか成立しないのが原則だが，分譲マンションなどの集合住宅では，1棟の建物の一部（101号室・202号室などと表示される各住戸）に独立の所有権（区分所有権とよばれる）が認められる。一方，

壁や廊下は共有であるし，敷地利用権も共有（所有権の場合）または準共有となる（借地権の場合）。このように単独所有と共有を組み合わせたところに建物区分所有制度の特色がある。また，建物や敷地の管理・利用には特有の問題が生じる。

　民法は，当初，棟割り長屋などを想定した旧208条だけを置いていた。しかし，中高層分譲住宅が普及するとこれでは対応できなくなり，1962年に俗にマンション法ともよばれる「建物の区分所有等に関する法律」（建物区分所有法。この節の中に限り，法律名を省いて条文を示す）が制定された。その後，いっそう大規模なマンションや団地が増えたことから，1983年の大改正によって団体法的な規律が強化され，2002年には，阪神・淡路大震災の経験を経て，建替えや大規模修繕を行いやすくするなどの改正がされた。さらに，老朽化や大規模災害への対策をふまえた改正が現在検討されている。

　以下では，建物区分所有制度の基本的な仕組みと重要な問題点を，一般の共有との違いを中心に，説明する。

2　専有部分と共用部分は一体

　構造上区分されて独立して利用できる各住戸部分は専有部分とよばれ，独立した単独所有権（区分所有権）が成立する（1条・2条1項・3項）。区分所有者は，一戸建て住宅の所有者と同じように専有部分を独占的に使用・収益・処分をすることができる。これに対して，複数の区分所有者が共同で使う廊下・階段・屋根・外壁・エレベーターなど専有部分以外は共用部分とよばれ（2条4項），区分所有者の共有になる。敷地利用権とともにその持分は，専有部分の床面積の割合による（11条・14条・22条2項）。共用部分は，用方に従って各共有者が使用でき（13条），負担も利益も持分に応じて分配される（19条）。

　共用部分の共有権は，区分所有権と一体なので，権利関係を複雑化させないために，持分権だけを分離して処分することはできず（15条），分割請求も許されない。敷地利用権もまた，原則として区分所有権と分離して処分す

表 2 - 4　建物区分所有法における特別多数決

問題になる場合	建物区分所有法の条文	特別多数決の内容	備　　考
共用部分の変更（その形状または効用の著しい変更を伴わないものを除く）	17条	4分の3以上（区分所有者の定数は規約により過半数まで緩和可）	専有部分の使用に特別の影響を受ける者の承諾を要する
規約の設定・変更・廃止	31条・68条1項	4分の3以上（一部の共用部分に関するときは該当者についても4分の3以上）	一部の区分所有者の権利に特別の影響を及ぼすべきときはその者の承諾を要する
管理組合の法人化・法人の解散	47条1項・55条2項	4分の3以上	
使用禁止請求，区分所有権の競売請求，占有者に対する引渡請求	58条2項・59条2項・60条2項	4分の3以上	訴え提起は通常の過半数多数決でよい（26条4項・39条1項）
建物価格の2分の1以上に相当する部分が滅失した場合の復旧	61条5項	4分の3以上	決議に賛成しなかった者には賛成者に対する買取請求権が生じる
建替え	62条1項	5分の4以上	参加しない者に対する売渡請求権が生じる

ることができない（22条1項）。この点が一般の共有と大きく異なる。

3　管理は管理組合による自治が基本

　建物・敷地などの管理は，区分所有者全員で構成される団体（管理組合）が，集会・規約・管理者によって行う（3条。数棟ひとまとまりで1つの管理組合が作られる場合もあり，65条以下で団地として規律されている）。管理組合は法人にすることができる（47条以下）。

　管理に関する事項は，毎年少なくとも1回は行わなければならない集会において，原則として区分所有者および議決権（専有部分の床面積の割合で算出される）の多数決で決める（18条1項本文・38条・39条1項）。表2-4のように，事柄の重要度に応じて，過半数より慎重な特別多数決を必要とする場合も少なくないが，一般の共有物の変更の場合の全員一致原則は，実際上の便宜にあわせて緩和されている。

　管理・使用に関する処理は，規約で定めることもできる。規約の設定・変更・廃止は，集会の4分の3以上の多数決による（31条）。集会決議や規約

は，区分所有権の譲受人や区分所有者から借りている占有者に対しても拘束力がある（46条）。持分に応じた負担を求める債権や規約・集会決議によって区分所有者に対して生じる債権には，債務者の区分所有権等の上に，共益費用の先取特権が認められ，優先的な回収が保障されている（7条）。

　集会決議では，さらに区分所有者を代理する執行機関として管理者を置き，共用部分などの保存，集会決議の実行，その他規約に定めた行為を行わせることができる（25条1項・26条1項）。なお，管理組合法人では管理者に相当

する理事を置かなければならない（49条1項）。

4　団体的な制約には強力な制裁が用意されている

　区分所有者は、建物の保存に有害な行為その他建物の管理または使用に関し区分所有者の共同の利益に反する行為をしてはならない義務を負う（6条1項）。区分所有者から専有部分を借り受けた者など所有権に基づかない占有者も同様の義務を負う（同条3項）。

　こうした義務に違反した者に対しては、他の区分所有者の全員または管理組合法人は、つぎのような段階的な措置をとることができる。まずは、違反行為の停止や予防措置の請求ができ、集会で決議をすれば訴えの提起もできる（57条）。つぎに、この措置では、共同生活上の著しい障害を除去して区分所有者の共同生活の維持を図ることが困難であれば、訴えによって専有部分の使用禁止を請求できる（58条）。さらには、違反者の区分所有権および敷地利用権を競売し、区分所有関係から排除することも可能である（59条）。占有者が違反をする場合には、占有を正当化している契約の解除を請求し、専有部分を引き渡すよう求めることができる（60条）。これらの措置は暴力団対策で効果をあげているが、現代版「村八分」にならないよう注意する必要がある。

第**3**章　物権変動

　家を新築すれば，家の所有権が発生する。その家をだれかに売れば，家の所有権は買主に移転する。銀行からお金を借りて，担保として家に抵当権を設定すれば，家の所有権は，抵当権という負担のついた所有権になる。また，家が火事で焼失すれば，家の所有権は消滅する。これらはみな，物権の変動にあたる。

　物権変動の原因は，契約のほか，相続，取得時効など様々である。そして，物の所有権がだれに帰属しているかは，取引関係に入ろうとする者にとって大変重要なことがらである。そこで，物権変動が生じたときにはそれを第三者が知ることのできるよう，公示手段を設けることが必要となる。

　本章では，まず，売買契約によって不動産の所有権が移転する場合を例にとり，物権はどのように移転するのか，物権変動の公示はどのようにされるのか，公示がされないとどうなるのか，を学ぶ。つぎに，動産の所有権が移転する場合について，同様に，物権変動の公示がどのようにされるか，公示がされないとどうなるかをみるほか，動産物権変動に特有の即時取得制度について学ぶ。

第1節　物権変動に関する意思主義

1　所有権は，どのように，いつ，移転するか？

所有権を移転させるのに形式は要らない

　所有権は権利であって目に見えないから，売買による所有権の移転といっても，所有権というものを買主に渡すわけではない。所有権がどのように移転するかは，それぞれの国の法によって決まることである。

　民法は，物権変動の原因が契約など法律行為である場合について，物権の変動は「当事者の意思表示のみによって，その効力を生ずる」と定め（176条），所有権を移転させる意思表示さえあれば，他に何の形式を備えなくても，所有権は移転するという立場（意思主義）をとる。

　たとえば，AがBに自分の所有する家を売るとき，A・B間で所有権を移転させる意思表示がされれば，代金がまったく支払われていなくても，また，登記をBに移さなくても，所有権は意思表示によってAからBに移転する。

　そして，売買契約により所有権を移転する場合，売買契約は売主から買主への財産権の移転を目的とする契約であるから（555条），売買契約を成立させる意思表示がされれば，それとは別に「所有権を移転します」という特別の意思表示がされる必要はないと考えられている。したがって，所有権は，売買契約を成立させる意思表示によって移転する。

所有権はいつ移転するか？

　もっとも，176条は，所有権が移転するために登記などの形式を備える必要はないと規定するにとどまり，当事者が自ら，登記など特定の形式を備え

★ コラム⑰：意思主義と形式主義

　176条は，フランス民法にならってつくられた条文である。1804年に制定されたフランス民法典は意思主義を採用している。フランス民法では，所有権は合意の効果として移転する。たとえば，売買契約を結ぶと，所有権は，売買の効果として契約の成立と同時に移転する。このとき，所有権を移転させるための特別の意思表示は必要ない。

　これに対し，ドイツ民法では，意思表示だけでは所有権は移転しない。所有権が移転するためには，そのほかに，不動産であれば登記，動産であれば引渡しをしなければならない。このように，所有権が移転するためには意思表示だけでは足りず，特定の形式を備える必要があるとする立場を形式主義という。ドイツ民法によれば，たとえば，A・B間で，Aが所有する家をBに売る売買契約が結ばれた場合，AとBが売買契約を締結してBがAに代金を全額支払っても，登記がされるまでは，その家の所有者はBではなくAである。

なければ所有権は移転しないと合意したり，売買契約のほかに，とくに所有権移転の意思表示をすることが必要であると決めることを禁止してはいない。

　たとえば，売買契約の当事者が，所有権は代金完済時に移転すると合意したときは，代金が全額支払われるまで所有権は買主に移転しない。実際，不動産売買においては，代金完済時に所有権が移転すると合意されることが多い。判例も，所有権の移転が売買契約の成立より後に生じることが合意された場合には，契約成立時に所有権が買主に移転しないことを認めている（→**ケースのなかで 4**）。

　これに対し，所有権移転時期について当事者が何も合意していなかった場合には，売買契約成立時に所有権は移転するというのが判例である。

ケースのなかで 4　　所有権は，売買契約の成立と同時に移転する

　Xは，Yとの間で，Yが所有する複数の土地建物を購入する契約を締結した。Xは，代金の一部を支払った後，Yに対し，残代金の支払と引換えに建物の明渡しと土地・建物の移転登記をするよう求めた。ところが，Yが，ある建物につき契約の目的に入っていないと主張したため，Xは，裁判でその建物の所有権確認を求めた。裁判所は，売買の目的が売主の所有する特定物であるときは，特にその所有権の移転が将来なされる趣旨で契約されたのでない限り，所有権は直ちに

買主に移転すると述べて，Xが建物所有者であることを認めた。

《売買の目的，特定物売買，所有権の移転時期……最判昭33年6月20日》

　当事者が特別な合意をしない限り，所有権は売買契約の成立と同時に移転するという判例の考え方には，反対の学説もある。

　判例に反対する学説は，まず，目的物の引渡しもなければ代金が支払われてもいないのに，口頭だけで成立する売買契約と同時に所有権が移転するというのは常識に反すると批判する。そして，当事者の通常の意思を考えるならば，契約成立時にではなく，代金支払・引渡し・登記のいずれかがされた時に，所有権も移転すると考えるべきであると主張する。

　また，そもそも，所有権が移転する時期を決めようとする発想自体に批判的な学説もある。この学説は，所有権とは，目的物を利用できるとか，果実を取ることができるとか，妨害を排除できるなどの，様々な権能の束のようなものであるのに，まるで所有権という物があるかのように，ある時に売主から買主に移転すると考えることはできないと批判する。この学説は，さらに，所有権がいつ移転するかを決める実益もないという。なぜなら，いつ所有権が移転するかを考えなくても，売主と買主との間で問題が起こったときは，契約法の規定によって解決されるし，買主と第三者との法律関係は，どちらが対抗要件を先に備えたかで決まるのであって，所有権の移転時期を確定しなければ解決できない問題はないからである。そこで，この学説は，所有権は，あえていうなら，それぞれの権能が売主から買主に移るとともに「なしくずし的」に移転するという。

2　無権利者から所有権を得ることはできない

　売買契約を締結する意思表示があれば所有権は移転するといっても，売主が所有者でなければ，所有権は買主に移転しない。売主にない所有権は，買主に移転しようがないのである。

　たとえば，A所有の家にAと長年いっしょに住んでいた愛人Bが，Aの死後，自分はAの相続人だと誤解して（愛人は相続人にはなれない）その家をCに売っても，買主Cは所有権を取得できない。所有権のない者と売買契約を

結んでも，無権利者から権利を取得することはできないのである（もっとも，民法は，所有者でない売主が結んだ売買契約そのものは有効であるという立場をとる。そして，売主Bは，561条により，その家の所有者であるAの相続人から所有権を取得してCに移転する義務を負う）。

第2節　物権変動の公示と対抗要件主義

1　物権の変動は公示されないと困る

　買主は，売主に所有権がなければ，売買契約を結んでも，所有権を取得できない。ところが，意思主義によれば，所有権が移転するためには，意思表示のほか何の形式も必要ないから，買主が売主と売買契約の交渉をしている間に，だれかが売主との間で先に売買契約を結んでも，買主にはわからない。

　このように，所有権の移転は目に見えないので，買主は，契約を締結する時に売主が本当に所有権を有しているのかどうか，常に不安にさらされる。売主がもともと所有者でなかった場合はもちろん，知らない間に，売主がだれかに所有権を移転させてしまった場合，いくら売買契約を結んでも，買主は所有権を取得することができないからである。しかし，これでは，だれも安心して取引ができない。

　そこで，民法は，不動産に関する物権変動については，登記をしなければ（177条），また，動産に関する物権変動については，目的物の引渡しをしなければ（178条），物権変動があったことを第三者に対抗できないこととした（対抗要件主義）。たとえば，Aの土地をBに売る売買契約を締結する意思表示がA・B間でされれば，それだけでBはその土地の所有権を取得するが（意思主義），所有権がAからBに移転したことを登記しなければ，Bは，A

から同じ土地を買って先に登記したCに対して，所有権の取得を対抗できない。

2　登記がなければ所有権移転を対抗できない

「対抗できない」とは

　所有権の取得を対抗できないということは，所有権を取得していないということではない。登記は物権変動が生じるための要件ではない。AがBに自分の土地を売れば，Bは登記を移転しなくても，その土地の所有者である。したがって，登記のないBからさらにその土地を買ったDは，有効に所有権を取得する（登記しなければ所有権取得を第三者に対抗できないのは同じ）。

　けれども，Aから同じ土地を買い受けて登記を移転したCのように，177条に定める「第三者」が現れて，Bにその土地を明け渡せと要求したら，Bは，Cに，自分は所有者としてこの土地を使用・収益する権利がある，とは言えない。第三者がBによる所有権の取得を争ったら，それに対してBは反論できないというのが，177条によって「対抗できない」ことの具体的な意味である。

不動産の二重譲渡

　たとえば，Aが，自分の家をBに売った後に，同じ家をさらにCに売って所有権を移転させた場合（これを二重譲渡という），Cが先に登記を備えると，BはCに所有権の取得を対抗できなくなり，その家の所有者はCに確定する。

　でも，よく考えると，CがAと売買契約を結んだときには，その家の所有権はすでにBに移転しているはずだ。そうすると，一物一権主義からして，Aは所有者でなくなってしまうのではないか，とも考えられる。それでは，Cは，そもそも，無権利者と契約したことになり，所有権を取得し得ないのではないか，という疑問が生じる。そこで，AからBへの譲渡のあと，Aがさらにに二重譲渡できることをどのように説明するかが問題となるが，学

説の考え方は分かれている（→**コラム⑳**）。

3 公示の原則と公信の原則

公示の原則

　民法は，対抗要件主義をとっているので，公示されていない物権変動は生じていないと信頼することができる（公示の原則）。たとえば，Aの所有する甲土地を買おうとするBは，甲土地の登記を見て抵当権設定登記がないことを確かめれば，甲土地に抵当権の負担はないと信頼することができる。

不動産の所有権取得に公信の原則はあてはまらない

　これに対して，もし，甲土地の所有者が本当はAでなくAの父親Dであった場合はどうか。たとえば，甲土地をEから買ったDが，税金対策上，AがEから買ったことにしてA名義の所有権移転登記をしていたとする。この場合，Bは，A名義の登記を信頼してAから甲土地を買い受けても，その所有権を取得することはできない。わが国では，不動産取引に公信の原則は採用されておらず，登記に公信力はないからである（→**コラム㉑**）。

　公信の原則とは，真実の権利状態と異なる公示を信頼して取引がされたときに，公示どおりの権利状態があったのと同様の保護を与えることをいう。ドイツなど，不動産取引に公信の原則が採用されている国では，A名義の登記を信頼してAと取引したBは，Aに所有権がなかったときでも，所有権を取得しうる。このような制度においては，登記に公信力があるといわれる。

動産の所有権取得と公信の原則

　それでは，日本民法の物権変動は，公信の原則とまったく無関係かというと，そうではない。わが国でも，動産取引については，即時取得（192条）で公信の原則が採用され，動産の占有に公信力が与えられている（→第8節）。

　たとえば，学生Aが大学で毎日使っているノートパソコンを，Aのものだ

★ コラム⑳：二重譲渡の法的構成

なぜ，AがBに不動産の所有権を譲渡した後に，Cが同じ不動産の所有権をAから取得できるのか。

二重譲渡を法的にどのように説明するかについて，学説の考え方は，大きく3つに分かれる。

まず，AからBへの所有権移転はBが登記をするまでは完全でないと考える見解がある。それによれば，Bが所有権取得の登記をするまで，Aは完全な無権利者にはならないから，CはAから所有権を取得できる。

第2の考え方は，AからBへの所有権移転は登記がなくても完全に生じるが，177条によって，先に登記を備えた第三者Cは，AからBへの所有権移転を否定することができるとする。その結果，A・B間の所有権移転は効力を失い，AからCに所有権が移転する。

第1の考え方が，Aは，目的物をBに譲渡した後も無権利にならないと解するのに対し，第2の考え方は，A・B間の譲渡によってAからBへの所有権移転は完全に生じるが，登記を備えたCはその効果を覆すことができると説明する点に違いがある。

これに対して，第3の考え方は，177条によって，登記を備えた者が優先的に物権を取得する制度が定められたと考えれば足りるとする。それ以上の説明は不要であるとする点に，この考え方の特徴がある。

★ コラム㉑：94条2項類推適用による信頼の保護

後述する即時取得制度により，動産取引にのみ公信の原則を認めるというのが，民法の基本的な立場である。しかし，判例・学説は，94条2項を類推することにより，不動産取引についても，例外的にではあるが，一定の場合に，真実の権利状態と異なる登記に対する信頼を保護している。

たとえば，本文の例で，税金対策のために，自分の子A名義で土地の登記をしたDは，自分で積極的に真実の状態と異なる登記をして，自ら積極的に虚偽の外観を作り上げた者といえる。このようなDは，売買契約をしてもいないのに契約をしたように虚偽表示を行った者と同様に扱うことができる。したがって，虚偽表示に関する94条2項を類推適用することにより，Dは，真実の権利状態と異なる登記を信頼して取引関係に入ったBに対して，所有者はAでないことを対抗できないと考えられている。

と信頼してAから買ったBは，実は，パソコンの所有者はAの父親Dで，Aは父親にパソコンを使わせてもらっていたにすぎなかった場合でも，パソコンの所有権を取得しうる。

第3節　不動産物権変動の公示

　不動産に関する物権変動を公示する目的で設けられているのが，不動産登記制度である。不動産登記の仕組みや登記手続については，不動産登記法で定められている。

1　登記の仕組み

　登記は，不動産ごとにつくられる（物的編成主義）。

　登記簿には，一棟の建物ごと，一筆の土地ごとに，登記事項が記録されている。

　登記簿は，かつては，地番・家屋番号の順に，紙に記載されてバインダーに綴られていた。現在では，登記は電子化され，コンピュータに記録されている。

　登記は，表題部と権利部とに分けて記録される（→60〜61頁の**図3-1**）。このうち，表題部には，不動産の所在など，不動産の同一性を知るための情報が表示される。権利部には，物権の変動に関する事項が記載される。権利部は甲区と乙区とに分かれており，甲区には所有権に関する事項が，乙区にはそれ以外の権利に関する事項が記録される。

★ コラム㉒：登記を見てみたいときは

せっかく登記のことを勉強しているのだから，この機会に，一度，自分の家の登記がどのようにされているのか見てみたいと思う読者もいるだろう。登記は，どこで，どのように見ることができるのだろうか。

登記は，まず，登記所で見ることができる。登記所は法務局にある。といっても，登記所でコンピュータの画面を閲覧するのではなく，コンピュータの磁気ディスクに記録された登記記録の内容を書面にしたものを見ることになる。また，電子化される以前の記録は，コンピュータに入力されていないので，バインダーに綴られた登記簿を見なければならない。

つぎに，登記所に行かなくても，インターネットを利用して，登記事項証明書の発行をオンラインで申請し，自宅など指定した住所に郵送してもらうこともできる。

どちらの場合にも，申請人の氏名や不動産の所在などの必要事項を記入または入力して，手数料を払って申請する。オンライン申請の場合は，ネットバンキングなどを利用して手数料を支払う。

このほか，登記所が保有する登記情報をインターネットを通じて閲覧できるサービスもある。

2　登記をするための手続

登記所に行かなくてもできる

以前は，登記をするためには，登記所へ行って登記の申請をしなければならなかった。現在では，登記の申請は，登記所に行かなくても，インターネットを利用してオンライン申請を行うことができる。とはいえ，インターネットの苦手な人もいるので，登記所の窓口で申請手続することもできる。また，郵送による申請も可能である。

登記権利者と登記義務者が共同で申請する

登記の申請は，原則として，登記上直接利益を受ける者（登記権利者。不登2条12号）と，直接不利益を受ける者（登記義務者。同条13号）とが共同して行わなければならない（共同申請主義。不登60条）。たとえば，売買契約によって生じた所有権移転を登記する場合，所有権移転登記をすることによって利益を受けるのは買主，不利益を受けるのは売主である。したがって，移転

図3-1 登記事項証明書

全部事項証明書　　　　（建物）

京都市東山区祇園町1丁目1-1

表題部	（主である建物の表示）	調製	余白	不動産番号	130000××××××××
所在図番号	余白				
所在	京都市東山区祇園町1丁目1-1			余白	
家屋番号	15番			余白	
①種類	②構造	③床面積 ㎡			原因及びその日付〔登記の日付〕
居宅	木造合金メッキ鋼板・かわらぶき2階建	1階 <u>77 72</u> 2階 <u>77 72</u>			平成23年12月1日新築 〔平成23年12月6日〕
余白	余白	1階 77 72 2階 89 36			③令和2年11月20日増築 〔令和2年12月21日〕
所有者	京都市東山区祇園町1丁目1-1	持分2分の1	平安太郎		
	京都市東山区祇園町1丁目1-1	2分の1	平安花子		

> 建物の2階が増築されたことがわかる。

権利部（甲区）（所有権に関する事項）			
順位番号	登記の目的	受付年月日・受付番号	権利者その他の事項
1	所有権保存	平成23年12月9日 第96074号	共有者 京都市東山区祇園町1丁目1-1 持分2分の1 平安太郎 京都市東山区祇園町1丁目1-1 2分の1 平安花子

> 建物を共有する場合は、各共有者の持分も登記される。

※ 下線のあるものは抹消事項であることを示す。

抵当権の被担保債務の金額は登記されるが、弁済期は登記されない。

共同抵当権が設定されている。どの不動産が共同抵当権の目的となっているかは、共同担保目録を見ればわかる。

権利部（乙区）（所有権以外の権利に関する事項）

順位番号	登記の目的	受付年月日・受付番号	権利者その他の事項
1	抵当権設定	平成２３年１２月９日 第９６０７５号	原因 平成２３年１２月１日金銭消費貸借同日設定 債権額 金４，０００万円 利息 年２．６０％（年３６５日割計算） 損害金 年１４％（年３６５日割計算） 連帯債務者 京都市東山区祇園町１丁目１－１ 平安 太郎 京都市東山区祇園町１丁目１－１ 平安 花子 抵当権者 京都市下京区六条通室町東入本願寺町９１番地 株式会社八坂銀行（取扱店 下京支店） 共同担保 目録第５０４９号
2	１番抵当権抹消	令和２年８月３１日 第５８００６号	原因 令和２年８月３１日放棄

共同担保目録

記号及び番号 （主）第５０４９号 ／ 調製 平成２３年１２月１日

番号	担保の目的である権利の表示	順位番号	予備
1	京都市東山区祇園町１丁目１－１	1	余白
2	京都市東山区祇園町１丁目１－１ 家屋番号15番の建物	1	余白

これは登記記録に記録されている事項の全部を証明した書面である。

令和５年４月19日

京都地方法務局 登記官 江草 四郎 印

※ 下線のあるものは抹消事項であることを示す。

登記の申請は，登記義務者である売主と，登記権利者である買主とが共同で行うのが原則である。共同申請主義は，登記をすることによって不利益を受ける者も申請手続に関与させることにより，登記の真実性を確保しようとする考え方に基づいている。

　もっとも，代理人による登記申請も認められている。実際には，司法書士が両当事者の代理人として，1人で登記手続を行うことが多い。

登記への協力を請求することができる

　共同申請主義のもとでは，たとえば，不動産の所有権を取得した買主が所有権移転登記を申請するためには，売主の協力が必要である。このとき，買主が売主に対し，登記申請に協力するよう請求できる権利を登記請求権という。

　物権変動が生じれば，それに応じた登記請求権が発生する。また，真実の権利関係と一致しない登記がされているときにも，登記請求権が生じる。たとえば，A所有の不動産につき，所有権移転の事実がないにもかかわらず，Bが書類を偽造して勝手にB名義で所有権移転登記をしていた場合，Aは，Bに対してその登記の抹消を請求する権利を有する。

登記の先後はどのように決まるか？

　登記の先後は，登記の申請が受け付けられた順序による。オンライン申請では，インターネットを通じて登記所のコンピュータに申請データが到達した順に，自動的に処理される。窓口での申請については，登記官が窓口で申請書を受領すると同時に，オンライン申請を処理するコンピュータと連動しているコンピュータに，登記官が受付日時と受付番号を記録することによって順位を確保する。このようにして，コンピュータでオンライン申請を自動的に処理するのと並行して，窓口で受け付けた申請の順位がきちんと確保される仕組みとなっている。

★ コラム㉓：真実と異なる登記を防ぐための方策

　登記が真実の権利変動を反映していることは，登記に対する信頼を維持するために非常に重要である。とくに，インターネットによるオンライン申請では，他人になりすまして本人の意思に反した登記がされることを防ぐため，登記を申請している者が本人であることをどのように確認するかが問題になる。

　この点，不動産登記法は，かつての登記済証をオンライン申請に対応させた登記識別情報という本人確認方法を定める（不登21条・22条）。また，登記官は，申請者とされている者が，本人になりすました他人であると疑う相当な理由のあるときは，申請者に出頭を求めるなどして，本人であるかどうかを調査しなければならないと規定している（不登24条1項）。

　このほか，本人が真実と異なる物権変動の登記を行うことを防ぐため，たとえば，AからBへの売買を原因とする所有権移転登記を申請する場合，売買契約によって所有権が移転したことを証明する登記原因証明情報を必ず提出しなければならない（不登61条）。これにより，たとえば，実際にはA・B間で物権変動が生じていないのにもかかわらず，虚偽の所有権移転登記がされるのを防止することができる。

登記官による審査

　申請を受け付けた登記官は，提出された書類を審査し，問題がなければ登記簿に登記事項を記録する。たとえば，売買契約書など，所有権の移転を証明する登記原因証明情報が提出されていれば，登記官は，本当に売買契約が締結されたかどうかを調査せずに，売買契約は有効に締結され，所有権が移転したものとして扱う（形式的審査）。

3　登記が有効であるためには

　登記はあくまで公示の方法であるから，登記が有効であるためには，登記が物権変動の事実に合致していなければならない（実質的有効要件）。たとえば，資産を隠すため，自分の所有する土地について，知人の名義を借りて所有権移転登記をしても，所有権移転の事実がない以上，その登記は無効である。

　また，登記が有効であるためには，登記手続そのものが適法に行われていなければならない（形式的有効要件）。たとえば，所有権を取得した買主が，登記義務者である売主に対して所有権移転登記手続に協力してくれるよう頼

んだところ，代金をまだ払っていないことを理由に拒絶されたからといって，買主が勝手に書類を偽造して登記しても，登記は無効である。

　しかし，登記の有効要件をあまり厳格に考えると，無効な登記が多くなりすぎて，かえって登記を信頼することができなくなってしまう。そこで，たとえば，AからBに贈与を原因として所有権が移転した場合に，売買を原因とすると記載されたAからBへの所有権移転登記は有効とされている。また，物権変動の経過と登記とが一致していない中間省略登記が有効かどうかも問題となる（→4）。

4　中間を省略した登記は有効か？

中間を省略した登記の申請はできない

　登記は物権変動の経過を正確に反映する必要がある。たとえば，Aの所有地がAからBへ，さらにBからCへと譲渡された場合，AからBへの所有権移転登記と，BからCへの所有権移転登記がされなければならない。

　しかし，2004年改正前の不動産登記法では，実務上，だれからだれに物権変動を生じたのかを正確に示す資料を登記官に提出しなくても，登記を申請することが可能であった。そこで，実際には，AからB，BからCへと所有権が移転した場合であっても，登記にかかる費用を節約するなどの目的で，AからCに直接移転登記をすることがしばしば行われていた。

　このような登記を中間省略登記という。2004年改正後の不動産登記法では，AからCへの移転登記を申請するには，A・C間の売買契約書など，AからCに直接所有権が移転したことを示す登記原因証明情報を必ず提出しなければならないと定められた（不登61条）。そのため，原則として，実際にAからCに所有権が移転していなければ，AからCへの移転登記はできず，手続上，中間省略登記はできなくなっている。

中間省略登記がされてしまったら

　では，何らかの事情で，AとCによって中間省略登記がされてしまった場合，Bは，登記の無効を主張することができるか。

　中間省略登記は，Cが所有者であるという現在の権利関係には合致している。しかし，たとえば，BがまだCから代金を支払ってもらっていない場合，中間省略登記がされてしまうと，Bは，Cに対して，代金を支払わなければ移転登記に協力しないと主張することができなくなってしまう。

　そこで，判例は，中間省略登記がBの同意なしにされたときは，Bは，中間省略登記の抹消を請求できるとする。もっとも，Bの抹消登記請求権は，Bの正当な利益を保護するために認められるのであるから，CがBにすでに代金を支払っているなど，Bに，中間省略登記の抹消を請求する正当な利益がない場合には，Bの同意なしにされた中間省略登記であっても，Bは登記の抹消を請求できないとされている。

5　仮登記はどのような場合にできるか？

　たとえば，BがAから土地を買って所有権を取得しても，登記申請に必要な書類が揃わずに登記の申請に手間取っていると，その間に，Aが同じ土地をCに譲渡して，Cが先に所有権移転を登記してしまう危険がある。そこで，不動産登記法では，このように，物権変動は生じてはいるが手続上の条件が整わない場合，仮登記をすることが登記権利者に認められている（不登105条1号）。仮登記をすれば，登記権利者は，仮登記の効力により，登記上の順位を確保することができる。

仮登記は，「仮」の登記であるから，仮登記のままでは，物権変動を第三者に対抗することはできない。しかし，後日，仮登記が本登記に改められると，仮登記をした時を基準として登記上の順位が与えられる（不登106条。順位保全の効力）。したがって，Bが，A・B間の所有権移転を仮登記すれば，本登記をしないうちにAが同じ土地をCに二重譲渡してCが所有権移転本登記をしても，仮登記を本登記に改めることにより，仮登記をしたときから本登記をしていたのと同様に扱われ，Bは，所有権の取得をCに対抗できる。

　ところで，売買契約のなかで，所有権は代金が全額支払われた時に移転すると決められていれば，所有権は代金が支払われるまで売主のところにとどまる。このような場合にも，買主は，将来生じる物権変動をあらかじめ仮登記することによって，登記上の順位を確保することができる（不登105条2号）。2号の仮登記は，物権変動が生じる前から，物権変動を請求する権利を保全するために行う登記である。この登記は，後述するように，担保のために利用されることもある（→193頁のコラム㊾）。

第4節　登記がなければ対抗できない物権変動

1　177条が適用される物権変動の範囲

　公示の原則からすれば，すべての物権変動が公示されることが望ましい。けれども，すべての物権変動が登記されるべきであるということと，どのような物権変動について，登記がなければ第三者に対抗できないという効果が生じるのかということとは，別の問題である。

　たとえば，学説のなかには，177条は，意思主義に立つわが民法では，意思表示による所有権の移転があったかどうかが第三者にわからないために，

登記を対抗要件としたのであるから，登記がなければ第三者に対抗できない物権変動は，意思表示による物権変動に限られるとする考え方もある。

　裁判所も，民法制定当初は，177条が適用されるのは，物権変動のなかでも，意思表示を原因とする物権変動に限られるとしていた。しかし，明治の末に，生前相続（戦前の家族法では，隠居すると，生きているうちに相続が生じる「生前相続」という制度があった）による物権変動も登記しなければ対抗できないとする判決が出て以来，判例は，意思表示による物権変動に限らず，相続や取得時効を原因とする物権変動であっても，登記をしなければ第三者に対抗できないとしている。（→ケースのなかで5）

> **ケースのなかで 5　物権変動はその原因を問わず，登記しないと対抗できない**
>
> 　Xは，Aの隠居による生前相続により本件土地の所有権を取得したが，Xが登記しないうちにAは本件土地をYに贈与し，Yは所有権移転登記を得た。XはYに対し，登記の抹消を請求。Xは，177条の適用は意思表示による物権変動に限られると争った。
>
> 　裁判所は，177条は，不動産の物権変動はその原因のいかんを問わず，すべて登記しなければ第三者に対抗できないと定めているとして，Xの請求を退けた。
>
> 《生前相続，贈与，登記，対抗……大判明41年12月15日》

2　取消しと登記

　177条が物権変動の原因を問わずに適用され，あらゆる物権変動は登記しなければ第三者に対抗できないとはいっても，そう単純に片づけられない問題もある。

　たとえば，Aが，Bにだまされてに土地を売る契約を結び，その所有権を取得したBが登記を得たとする。Bの詐欺に気づいたAは，売買契約を取り消した（96条1項）。このとき，AがBに対して，売買の取消しを理由にその土地の所有権を主張できることに異論はない。では，Bが，その土地を第三者Cに売り，Cが，Aが登記を回復するより先に所有権移転登記をしたと

きはどうか。もちろん，96条3項が適用される場合，AはCに取消しを対抗することはできない。

では，Cが96条3項の第三者にあたらない場合はどうか。Aは，取消しによって自分がその土地の所有者であることをCに対抗するために，登記を回復することが必要なのだろうか。

取消しには遡及効があるので，Aの取消しによってA・B間の売買は初めから無効であり，初めからBへの所有権の移転もなかったと考えると，Bはただの無権利者である。そうすると，無権利者と売買契約を結んだCは，そもそも所有権を取得できないから，Aは，Cに所有権を対抗するために登記を備える必要はないことになる。

しかし，Aが取り消しても登記をしないと，所有者がAであることは公示されず，登記名義上はBが所有者のような状態となる。このような場合に，未登記のAが常にCに所有権を対抗できるとすると，Cは，登記名義人がBであっても，もしかしたらAとの売買が取り消されているかもしれないと考えて，安心して取引できないという問題が生じる。

同じことは，錯誤（95条1項）または強迫（96条1項）を理由に意思表示が取り消された場合にも問題になる。

取消しの前後によって区別する考え方

この問題について，判例は，第三者Cへの物権変動が取消しの前に生じたか取消しの後に生じたかによって，区別を設ける（→図3-2）。

判例によれば，まず，Aは，取消し前に登場した第三者Cとの関係では，取消しの遡及効によって，登記がなくても自分が所有者であることを対抗できる。

これに対して，判例は，取消し後に現れた第三者Cとの関係では，取消しによってBからAへ所有権が復帰すると考え，BがAとCに二重譲渡したときと同様，AとCのうち，先に所有権移転登記を備えた者が優先するとする

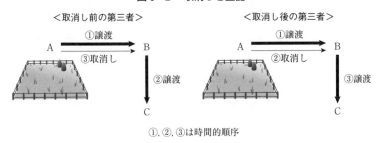

図3-2　取消しと登記

```
<取消し前の第三者>                    <取消し後の第三者>
        ①譲渡                             ①譲渡
  A ─────────→ B                   A ─────────→ B
        ③取消し                           ②取消し
              │                                 │
              │②譲渡                           │③譲渡
              ↓                                 ↓
              C                                 C
```

①, ②, ③は時間的順序

（→ケースのなかで6）。

　また，判例は，詐欺を原因とする取消しの場合について，取消し後に登場した第三者への96条3項の適用を否定する。その結果，取消し後の第三者Cは，善意無過失であっても，96条3項による保護を受けることはできない。

> **ケースのなかで 6　取消し後の第三者には，登記がなければ対抗できない**
>
> 　XはY₁に土地を売却して登記を移転したが，Y₁による詐欺を理由に売買契約を取り消した。その後，Xが登記を回復する前に，Y₁はY₂のためにその土地に抵当権を設定して登記した。Xは，Y₁とY₂に対して登記の抹消を請求。裁判所は，売買の取消しにより土地所有権はXに復帰し初めからY₁に移転しなかったことになるが，この物権変動は177条により登記なくして第三者に対抗できないと述べて；Xの請求を退けた。
>
> 　　　　　　　　《売買，詐欺，取消し後の第三者，対抗……大判昭17年9月30日》

第三者が登場した時期は関係ないとする考え方

　判例に対しては，第三者が現れたのが取消し前か取消し後かによって，取り消された物権変動は初めからなかったと説明したり，いったん相手方に移転した物権が取消しによって復帰すると説明するのは，論理的に一貫しないという批判がある。

　そのような学説は，取消しの前後を通じて一貫した説明をしようとする。具体的には，ⓐ取消しの前後を問わず，AとCとの関係は，BからAと，BからCへの二重譲渡類似の関係であると考え，Aは登記を備えなければCに

対抗できないと解する見解と，ⓑ取消しの前後を問わず，取り消された物権変動は遡及的になかったことになり，Cは無権利者Bと取引したことになると考える見解とがある。

　このうち，ⓑの見解では，Aが95条4項や96条3項によって取消しを第三者Cに対抗できない場合を除き，Cは常に権利を取得できないことになりそうである。しかし，それでは，取引の安全を害するので，ⓑの立場は，第三者Cの保護を図ろうとしている。その方法については，94条2項の類推適用，96条3項を取消し後の第三者にも適用する，96条3項を強迫の場合にも適用するなど，考え方が分かれている。

3　取得時効と登記

　たとえば，Aの所有する山林の一部である土地の上に，隣地の所有者Bが，その土地を自分の所有地だと勘違いし，家を建てて住んでいたとする。このとき，Bがその土地を占有し続けると，Bは，162条の要件に従い，占有開始から10年または20年後にその土地の所有権を時効取得する。では，Aが，Bの占有するその土地をCに譲渡した場合，Bは，取得時効による所有権の取得をCに主張するために，登記を備える必要があるのだろうか。

時効完成の前後によって区別する考え方

　判例は，AからCへの譲渡が時効完成前か時効完成後かによって区別する。まず，時効完成前の譲受人Cとの関係では，Cは時効による物権変動の当事者であって第三者ではないので，Bは，登記がなくても，Cに所有権の取得を対抗できるという。これに対し，時効完成後の譲受人Cとの関係では，判例は，AからB，AからCへの二重譲渡類似の関係を認めて，未登記のBはCに時効取得を対抗できないとする（→図3-3）。

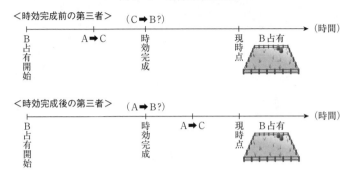

図3-3　取得時効と登記

<time効完成前の第三者>　（C➡B?）

<時効完成前の第三者>　（C➡B?）
B占有開始　A➡C　時効完成　現時点　B占有　　（時間）

<時効完成後の第三者>　（A➡B?）
B占有開始　時効完成　A➡C　現時点　B占有　　（時間）

時効完成の前後によって区別しない考え方

　判例に対しては，時効完成の前か後かによって結論がまったく異なるのは妥当ではないとの批判がある。

　判例に反対する学説は，Bによる占有継続の事実を重要視するか，それとも，公示の原則を重要視するかによって，考え方が分かれている。このうち，Bによる占有継続の事実を尊重する見解（占有尊重説）は，Bは，現時点から逆算して時効の成立に必要な期間占有を継続していれば，時効完成の前後に関係なく，登記はなくても，Cに対して取得時効による所有権の取得を主

張できると解する。

　反対に，登記による物権変動の公示を尊重する見解（登記尊重説）は，時効完成後に現れたCに対して未登記のBが所有権の取得を対抗できないのはもちろん，時効完成前に現れたCが先に登記を備えた場合，Bの時効取得に必要な期間は，Cの登記時からあらためて起算されると解する。したがって，登記尊重説では，登記に時効の更新の効力を認めたのと同じ結果となる。

4　相続と登記

　たとえば，Aの死亡によりその子BとCがAの財産を相続したとしよう。Aの財産は，時価1500万円のマンション，時価200万円の自動車のほか，預金が1000万円，株券や宝石が500万円相当あった。このとき，Aの財産はBとCにどのように承継されるか。Aが遺言をしていなかった場合を想定して説明しよう。

　まず，BとCは，これら相続財産を共有する（898条。→43頁）。具体的には，BとCは，マンション，自動車をはじめ，それぞれの相続財産について，法定相続分により2分の1ずつの持分を取得する（900条4号）。その後，BとCは，どちらがどの財産を相続するかを決める（遺産分割）。そこで，たとえば，Bはマンションを，Cはその他の財産を，それぞれ単独で相続するとの遺産分割の合意がされたとしよう。遺産分割には遡及効があるから（909条本文），相続開始の時であるAの死亡時に遡って，マンションについてはAからBへ，その他の財産についてはAからCへ，それぞれ所有権が移転する。

　ところで，上の例で，BとCが共同で相続し，遺産分割によりBが単独で取得したマンションを，Cが単独で相続したと偽って，Cの単独名義で所有権の移転登記をしたうえ，Dに譲渡したとしよう。Bは，遺産分割による所有権取得を登記しなければ，相続によるマンションの所有権取得を第三者Dに対抗できないのだろうか。この問題については，相続法に規定がある（899条の2第1項）。

　4（→72頁）の例で，共同相続人BとCが相続によるマンションの所有権移転登記をする場合，まず，共同相続を原因とする，BおよびC名義の共有登記をする。そのうえでBが遺産分割によりマンションを単独で取得したときは，遺産分割後に，あらためて遺産分割を原因とするB単独名義の所有権移転登記をしなければならない。

　しかし，2回登記をすれば，それだけ登記費用がかかることなどから，実際には，共同相続の登記をせずに，遺産分割後に，直接，AからB単独名義の所有権移転登記がされるのが一般的である。

　また，共同相続の登記をしないまま，長期間にわたって遺産分割が行われない場合もある。このとき，遺産分割がされないうちに共同相続人Bが死亡すると，Bの相続が開始し，Bの相続人とCがAの相続財産を共有することになる。そして，そのままの状態で長期間が経過すると，Bの相続人やCの相続人が死亡して新たな相続が開始し，ついには，だれがAの相続財産であるマンションの所有者であるかが簡単にはわからなくなってしまう（→35頁の**コラム⑫**）。

　これらの問題に対処するためには，相続の登記および遺産分割がすみやかに行われる必要がある。そこで，まず，2021年の不動産登記法改正により，相続人に相続の登記をする義務が課された（不登76条の2第1項。2024年4月1日施行）。また，2021年の民法改正により，遺産分割の促進を図るため，遺産分割に際して具体的相続分の主張ができるのは，原則として，相続開始から10年が経過するまでに遺産分割がされた場合に限ることとされた（904条の3）。

法定相続分を超える持分は登記がなければ対抗できない

　相続人は，899条の2第1項により，相続財産の法定相続分を超える部分については，対抗要件を備えなければ，相続による権利の取得を第三者に対抗できない。たとえば，先の例で，遺産分割によりマンションを単独で相続したBが，所有権移転登記をしないうちに，Cが，マンションを単独で相続したと偽り，C単独名義で所有権移転登記をしたとする。その後，Cが，マンションを第三者Dに譲渡した場合，Bは，法定相続分を超える2分の1の部分については，登記がなければ，遺産分割によるマンションの所有権取得をDに対抗することができない。

法定相続分の相続は登記がなくても対抗できる

　これに対し，相続人は，法定相続分については，登記をしなくても相続に
よる所有権の取得を第三者に対抗することができる（899条の2第1項）。たと
えば，先の例で，Bは，遺産分割によるマンションの所有権取得を，法定相
続分である2分の1の持分については，登記がなくてもDに対抗することが
できる。

　このように，Bは，相続によるマンションの所有権取得を，法定相続分を
超える部分（2分の1）については登記がなければ第三者Dに対抗できない
が，法定相続分（2分の1）については登記がなくても対抗できる。その結
果，先の例では，BとDは，2分の1ずつの持分でマンションを共有する
（249条以下。共有の法律関係については→**第2章**第6節）。

　相続人が，相続による法定相続分の取得を対抗要件なくして第三者に対抗
できることは，遺産分割をする前にもあてはまる。たとえば，先の例で，遺
産分割をする前に，Cが，相続によりBと共有するマンションを，遺産分割
により自分が単独で取得したと偽って，C単独名義の登記をしたうえ，Dに
譲渡したとしよう。この場合，Bは，法定相続分である2分の1の持分につ
いては，相続によるマンションの所有権取得をDに対抗することができる。

第5節　登記がなければ対抗できない第三者

　これまで見てきたように，所有権が移転するためには何の形式も要らない
が，所有権が移転したことを第三者に対抗するためには，登記をしなければ
ならない。

　それでは，177条の「第三者」とは，どのような者のことをいうのだろうか。

> ★ **コラム㉗：二重譲受人が両方とも登記していないときはどうなるか？**
>
> 　たとえば，Aが，BとCに同じ不動産を二重に譲渡した場合，Bは，登記を
> しなければCに所有権の取得を対抗できないが，未登記のCも177条の第三者
> にあたるというのが判例・通説である。Bは，登記がなければ，Cもまた登記
> をしていなくても，所有権の取得をCに対抗できないのである。したがって，
> BとCのどちらも登記をしていなければ，BもCも互いにその不動産の所有権
> 取得を対抗できず，どちらかが所有権の取得を争って訴えを提起した場合，原
> 告が負ける結果になる。

1　「第三者」の意味

　まず，ことばそのものの意味からいって，第三者とは当事者以外の者を指
すので，物権変動の当事者が177条の第三者でないことは間違いない。また，
原則として，相続人は被相続人の法的地位をそのまま受け継ぐと考えられ，
物権変動の当事者の相続人も当事者と同一視されるから，当事者の相続人も
第三者にはあたらない。

　それから，不動産登記法を見ると，詐欺または強迫によって登記の申請を
妨げた者（不登5条1項）および，他人のために登記を申請する義務を負う
者（同条2項。代理人などがこれにあたる）は，登記の欠缺（＝登記がされていな
いこと）を主張できないと定められている。したがって，これらの者に対し
ては，登記がなくても物権変動を対抗できる。つまり，これらの者もまた，
177条の第三者にはあたらないことになる。

無制限説から制限説へ

　一方，177条を見ると，「第三者」と書いてあるだけで，それ以上に何の制
限も加えられていない。そうすると，当事者およびその相続人と，不動産登
記法5条に定められた者を除くすべての者が，177条のいう「第三者」だと
いうことになりそうである。

　実際，民法が制定された当時，裁判所はそのように考えていた（無制限説）。
しかし，その後，裁判所は，明治の末に，177条の第三者とは，当事者もし
くはその相続人以外の者のうち，登記の欠缺を主張する正当な利益を有する
者に限られるとして，何の権利も取得せずに不動産を不法に占拠する者は

177条の第三者にあたらないと判断した。

　以来，判例は，177条の第三者とは，当事者もしくはその相続人以外の者のうち，登記の欠缺を主張する正当な利益を有する者をいうとする立場をとっている（制限説）。学説もまた，第三者の範囲を一定の者に制限する点で一致している。

　では，どのような法律関係に立つ者が，「登記の欠缺を主張する正当な利益を有する者」として，177条の第三者にあたるのか。具体的に見てみよう。

2　第三者となる法律関係（第三者の客観的範囲）

物権の取得

　たとえば，AがBに甲土地の所有権を譲渡したけれども，Bは，所有権移転登記をしていなかったとする。

　このとき，Aから甲土地の所有権を二重に譲り受けたCが177条の第三者にあたることはいうまでもない。Cから見ても，Bは177条の第三者である。したがって，Bが登記していないうちに，Cが甲土地の所有権移転登記をしてしまえば，Bは所有権の取得をCに対抗できず，Cが甲土地の所有者になる。BとCのうち，先に登記をしたほうが優先するのである。

　同様に，Aから甲土地について地上権の設定を受けたDや，抵当権の設定を受けたEなど，同一の不動産についてBの所有権取得と競合する，所有権以外の物権を取得した者も177条の第三者にあたる。したがって，Bは，Dとの関係では，Dが地上権設定登記をする前に登記を備えれば，Dに対して所有権取得を対抗できるが，Dの地上権設定登記が先にされたときは，Bの所有権はDの地上権によって制限を受ける。ということは，Bは，所有者であるのに，土地の使用・収益ができなくなる（→**第4章**第1節）。

　また，Eとの関係では，Bが，Eの抵当権設定登記がされるより先に所有権移転登記をしなければ，Bの所有権は抵当権の負担を負う。この場合，Bは抵当権のついた甲土地を所有者として使用・収益をすることはできるが，

> ★ **コラム㉘：登記がなければ，賃借人に賃料請求できない**
>
> 　Aから甲土地を譲り受けたBは，甲土地の賃借人Fに対し，Aに替わって賃貸人になったとして賃料を請求するために，甲土地の所有権移転登記を行う必要があるだろうか。
>
> 　BのFに対する賃料請求は，Fの賃借権と両立する点で，BがFに対して甲土地の明渡しを請求する場合と異なる。では，Bは，未登記のままFに賃料を請求できるかというと，そうではない。
>
> 　というのも，もし，登記を不要とすると，たとえば，AがBとCに同じ不動産を二重に譲渡した場合，二重譲受人BとCはどちらも未登記のまま賃借人Fに賃料を請求できることになってしまう。そうすると，たとえば，Fが未登記のBに賃料を支払った後に，CがBより先に登記を備えると，結局，Fは，所有者ではなく賃貸人でもない者に賃料を払ったことになり，原則として，あらためてCに賃料を支払わなければならない。
>
> 　このような理由から，民法は，賃貸物である不動産の譲受人は，所有権の移転の登記をしなければ，賃貸人としての地位を賃借人に対抗できないと定めている（605条の2第3項）。したがって，Bは，登記がなければFに賃料を請求することができない。

Eによって抵当権が実行されれば，その所有権を失う（→**第6章**第3節5）。これに対して，Bの所有権移転登記が先にされれば，Eは抵当権の設定をBに対抗できず，Bの所有権は抵当権の負担を負わない。

差押債権者・賃借人

　登記がなければ対抗できない第三者は，Aの土地について物権を取得した者に限られない。

　たとえば，Aの債権者であるGが，甲土地を差し押さえたときも，差押債権者であるGは，Bから見て177条の第三者にあたるとされている。

　また，甲土地をAから賃借して賃借権を有する賃借人Fは，目的物の使用・収益に関して甲土地の譲受人Bの所有権と競合する権利を取得した者として，Bにとって177条の第三者にあたる。したがって，Fが，賃借権の対抗要件である賃借権の登記（605条），または，甲土地の上にFが建物を所有するときは建物の登記（借地借家10条）を備えるより先に，Bが所有権移転

登記をすれば，Fが甲土地を占有していても，BはFに対して甲土地の明渡しを請求できる。これに対し，Fが先に土地賃借権の対抗要件を備えた場合，BはFに甲土地の明渡しを請求できない。このとき，A・F間の賃貸借契約はそのままB・F間に引き継がれ，BはAに替わって賃貸人になる（605条の2第1項）。

無権利者は177条の第三者にあたらない

これに対して，何の権利もないのに甲土地を占有している不法占拠者は，Bからみて177条の第三者にあたらない（→**ケースのなかで7**）。同様に，Aの家から書類や印鑑を盗み出し，書類を偽造してAからの所有権移転登記を得た者も，登記なくして対抗できない第三者ではない。これらの者とAとの間には，そもそも，売買契約とか，時効とか，相続など，Bの所有権取得と競合する権利を生じさせる法的原因が何ら存在していないからである。これらの者は，まったくの無権利者である。その点で，Aから売買という法的な原因によって有効に所有権を取得した二重譲受人Cとは異なる。

> **ケースのなかで7　不法占有者は，177条の第三者ではない**
>
> 　Xは，X所有家屋の賃借人Yとの間の賃貸借契約を合意解除した。Yは，いったん本件家屋から立ち退いた後，再び本件家屋に住み始めた。XがYに対し，家屋明渡しを求める訴えを提起したところ，Yは，登記のないXは所有権取得をYに対抗できないと主張。裁判所は，不法占有者は177条の第三者に該当せず，不法占有者に対しては登記がなくても所有権の取得を対抗できると判断した。
>
> 　　　《賃貸借の解除，不法占有，所有権取得，対抗……最判昭25年12月19日》

Aから甲土地の所有権を取得したBは，これら無権利者に対しては，登記をしなくても所有権の取得を対抗できる。したがって，Bは，登記がなくても，不法占有者に対して所有権に基づく甲土地の明渡しを請求できるし，書類を偽造して登記を得た者に対して登記の抹消を請求できる。

さらに，Bは，これらの無権利者から甲土地を買った転得者に対しても，

登記なくして所有権を対抗できる。所有権を取得していない無権利者から土地を買っても所有権を取得することはできず，転得者もまた無権利者だからである。

3　第三者にあたらない主観的態様（第三者の主観的範囲）

背信的悪意者には，登記がなくても対抗できる

登記がなければ対抗できない第三者の客観的範囲に含まれる者であっても，その主観的態様によっては，177条の第三者から排除されることがある。

たとえば，Cが，すでに売主Aから買主Bに所有権が移転したことを知りながら，Bがまだ登記を得ていないのに乗じて，登記のないBに高値で売りつける目的で，同じ不動産をAから安く譲り受けて先に登記を備えるのは，信義則に反する背信的な行為といえる。このようなCを背信的悪意者という。

背信的悪意者は，登記の欠缺を主張する正当の利益を有しないので，177条の第三者にあたらない。したがって，背信的悪意者に対しては，Bは，登記をしていなくても所有権の取得を対抗することができる。

単純悪意者はどうか

それでは，Cが，AからBに所有権が移転したことは知っていたが，どうしてもその不動産の所有権を取得したくて，同じ不動産をAから譲り受けたとしたらどうなるだろうか。

この場合，判例・多数説は，AからBに所有権が移転したことを知りつつ，同じ不動産をAから譲り受けること自体は，取引に関する自由競争の範囲内の行為であると考え，単に，物権変動があったという事実を知っているだけでは，177条の適用を受けない「背信的悪意者」にはあたらないと解する。判例・多数説は，信義則に反するような「背信的悪意」を，単に知っているだけの「悪意」（単純悪意ともいう）と区別し，背信的悪意者だけが177条の第三者にあたらないと考えるのである。したがって，判例・多数説によれば，

Bは，単純悪意者に対しては，登記がなければ所有権の移転を対抗できない。

　それに対して，学説のなかには，すでにBに所有権が移転したことを知りつつAから二重に所有権を譲り受けることは，自由競争として許される行為ではないと考え，単純悪意者もまた177条の第三者にあたらないと解する見解もある。

第6節　動産物権変動の公示

　動産とは，不動産以外の物をいう（86条2項）。家具や洋服，文房具など細かな品々から，タンカーやジェット機まで，要するに，土地とその定着物（同条1項）以外の物はすべて動産である。

　物権変動に関する意思主義は，目的物が動産の場合にもあてはまる。したがって，所有権を移転させる意思表示があれば動産の所有権は移転する。

　動産の物権変動を公示する必要があることも，不動産と変わらない。

　そうはいっても，毎日の買い物によって生じる動産の物権変動をすべて登記によって公示することは，およそ現実的でない。実際，スーパーで野菜を買ったり，本屋で本を買うたびに所有権移転の登記をすることなど考えられないだろう。そもそも，多様な動産のすべてを登記する登記簿を作ること自体，不可能である。

　そこで，民法は，動産に関する所有権の移転については，目的物の引渡しという公示方法を定めると同時に，引渡しを動産物権変動の対抗要件とした（178条）。その一方で，船舶や飛行機など，特定の動産については，特別の法律により，登記または登録によって公示する制度が設けられている（→82頁）。

1　引　渡　し

引渡しによる公示の意味

　たとえば，本を手に持っている人がいるとする。それを見た人は，その本を持っている人がその本の所有者だと考えるであろうし，その本を買ったか，もらったか，とにかく有効な法的原因によって本の所有権を取得したと思うだろう。このように，動産を占有しているという事実は，所有権を取得したことを外界に示すしるしとなる。

　そこで，178条は，引渡しを動産物権変動の対抗要件として，動産に関する所有権の移転を，占有の移転＝引渡しによって公示することにした。たとえば，本屋で本を買って，レジで本を渡してもらえば，それで引渡しは行われたことになる。

公示としての不十分さ

　引渡しによる公示は，簡便であって，日常的に頻繁に行われる動産の所有権移転を公示するのに適しているが，登記や登録制度と比べて，公示の信頼性が低いことは否定できない。所有権を取得しているわけではないが，引渡しを受けているということはよくあるからである。たとえば，本を手に持っているBは，本の所有者であることもあるが，その本を友人Aから借りていることもある。引渡しを受けているからといって，所有権が移転しているとは限らないのである。さらに，このとき，第三者Cにとって，本を占有して

いるＢが本当に所有権を取得しているかどうかを調べることは難しい。

そこで，民法は，引渡しを動産物権変動の対抗要件とするとともに，即時取得制度（→第8節）を設けることにより，引渡しによる公示の不十分さを補い，動産取引の安全を図っている。

2 登記・登録

特定の動産については，登記・登録による所有権移転の公示が民法以外の特別法で定められている。たとえば，船舶については登記制度（商687条），航空機（航空3条の3）や自動車（車両5条1項）については登録制度により，所有権の移転を公示することができる。これらの動産は，いったん登記・登録がされれば，特別法の規定が適用され，引渡しではなく登記・登録が所有権移転の対抗要件になる。

また，法人が動産を譲渡する場合には，目的物がどのような動産であっても，特別法（動産及び債権の譲渡の対抗要件に関する民法の特例等に関する法律）によって動産の譲渡を登記できる。この場合，登記がされると，民法178条の引渡しがなされたものと扱われる（同法3条。→205頁の**コラム❻❸**）。

さらに，航空機（航抵5条），自動車（自抵5条）のほか，農業用動産（農動産13条），建設機械（建抵7条）など，抵当権を設定する需要の多い動産については，特別法により，抵当権を設定することができる。そして，抵当権の設定を公示するために，登記・登録制度が設けられている。

第7節　動産物権変動の対抗要件

1　対抗要件としての引渡し

動産に関する所有権の移転は，引渡しがなければ第三者に対抗することができない（178条）。たとえば，画家である友人Aから絵画を買ったBは，絵画の引渡しを受けなければ，同じ絵画をAから譲り受けて家に持ち帰ったCに，所有権の取得を対抗できない。

現実の引渡し

引渡しとは，占有を移転させることをいう。たとえば，Bが，Aから買った絵画を手渡された場合のように，A・B間で物理的に物の占有が移転すれば（現実の引渡し），引渡しがあったことに間違いはない（182条1項）。

このほか，民法は，つぎのような方法により，物を物理的に移動せずに占有を移転させることができると定めている。

簡易の引渡し

たとえば，画家Aが，自分の作品の置き場所に困って友人Bに絵画を預けておいたところ，Bがその絵を気に入ってAから買い受けたとしよう。このとき，Bは，178条の対抗要件を備えるために，いったんAのところに絵画を戻してから再び自分の家に持って帰る必要があるとするのは，面倒なだけで無意味である。

そこで，譲受人がすでに目的物を所持している場合には，182条2項により，意思表示のみによる占有の移転が認められている（簡易の引渡し）。この

とき，A・B間で絵画を売買する意思表示があれば，それと同時に占有を移転する意思表示もあったと考えられている。

占 有 改 定

つぎに，Aから絵画を買ったBが，自分のマンションに飾る場所がないので，来年完成する新居に引っ越すまで，Aに絵画を預けておいたとしよう。このような場合にも，178条の対抗要件を備えるために現実の引渡しを求めるのは手間がかかるだけである。

そこで，183条は，所有権移転後も譲渡人Aが動産を預かったり借りたりして，物理的には目的物が引き続きAのところにあるときでも，Aが以後譲受人Bのために目的物を占有する意思を表示すれば，それによって占有はBに移転すると定める（占有改定）。このとき，AがBから動産を預かる，あるいは借りるという意思表示が，「以後Bのために占有する意思の表示」にあたる。要するに，AがBの引越しまでその絵画を預かることに同意すれば，その時から，占有は占有改定によってAからBに移転する。

したがって，その後で，Aが預かっていた絵画をCに二重に譲渡して，Cが絵画を家に持ち帰ってしまったとしても，Cに後述する即時取得（→第8節）が成立しない限り，Bは，先に対抗要件を備えた譲受人として，Cに対し，所有権に基づいて絵画の引渡しを請求できる。なお，183条の条文のなかで「代理人」と書いてあるのは，この場合，譲渡人Aを指していることに注意しよう。

指図による占有移転

それでは，AからBへの所有権移転の前後を通じて，目的物はずっと第三者Cのところにあるという場合はどうするか。

たとえば，画家Aは，自分の作品を美術品専門の倉庫を営むCに預けていたところ，Bが，C倉庫にあるAの絵画をいくつかAから購入し，そのまま

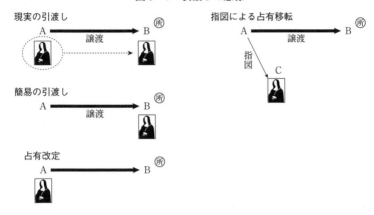

図3-4　引渡しの態様

★ **コラム㉚：指図による占有移転を使う場面**

　指図による占有移転は，実際にどのような場合に使われるのだろうか。

　メーカーや店舗は，しばしば商品を倉庫会社の倉庫に預けるが，その倉庫の中の商品に譲渡担保（→**第9章**第2節）を設定することがある。たとえば，メーカーAがB銀行からお金を借りて，担保として，Cの倉庫に預けてあるAの商品すべてをBに譲渡したとする。このとき，Bは，商品を使うわけではないので，Cに商品をそのまま預けておくだろう。このように，倉庫に保管されている商品などに譲渡担保が設定される場合，Aは，指図による占有移転により，Bに目的物を引き渡す。もっとも，法人が動産を譲渡するときは，特別法により動産譲渡登記ファイルに登記する方法もとれるので（→第6節2），かならず指図による占有移転が使われるわけではない。

Cに預けておいたとする。このような場合について，184条は，絵画をCに預けたまま，意思表示により占有の移転をすることができると定める。どうするかというと，AとBが，絵画をCに預けておくことに合意し，Aが今後は譲受人Bのために保管するようCに指図すれば，第三者Cが目的物を預かっている状態はまったく変わらないまま，AのCに対する指図によって絵画の占有はAからBに移転する（指図による占有移転）。

　184条はちょっとわかりにくいが，条文中，「代理人」とあるのは，この場合，動産を直接に占有するCのことを指し，「第三者」とは，譲受人Bのこ

とを指す。

このように，物理的に物の位置を動かさなくても，簡易の引渡し・占有改定・指図による占有移転により，簡便に占有を移転することが可能である。したがって，現実の引渡しがなされなくても，これらのうち，いずれかの方法によって引渡しを受ければ，動産の所有権移転を第三者に対抗することができる（→図3-4）。

しかし，引渡しが，簡易の引渡し・占有改定・指図による占有移転のいずれかによってなされた場合，物理的には，その動産を所持している人はまったく変わることなく占有が移転するので，これらの引渡しは，動産の物権変動に，外界から認識できるしるしを伴わせようという公示の原則にかなったものではない。

とくに，占有改定では，譲渡人が，すでに所有権を失っているにもかかわらず，物理的に目的物を所持し続けることにより，あたかも所有者であるような様子を外界に示すことになる。この点でも，引渡しを対抗要件とする動産物権変動の公示は，はなはだ不完全であるといわれている。

2　引渡しがなければ対抗できない第三者

どのような者が178条の「第三者」にあたるのかは，177条の「第三者」と同じように考えればよい。

たとえば，同じ動産がAからBとCとに二重に譲渡された場合，二重譲受人であるBとCは互いに178条の第三者である。また，Aから動産を譲り受けたBにとっては，同じ動産につきAから質権の設定を受けたDも，引渡しがなければ対抗できない第三者にあたる。したがって，たとえば，友人Aからダイヤの指輪を譲り受けたBがその引渡しを受けないうちに，Aがそのダイヤの指輪をD質店に持っていって質入れしてしまえば，Bは，Dに対して所有権の取得を対抗できない。その結果，Bの所有権は質権の負担を負う。

それに対して，Aからダイヤの指輪を譲り受けたBが引渡しを受けないう

ちに，Aからダイヤの指輪を盗んだ泥棒は，ダイヤの占有を取得しても178条の第三者にはあたらない。泥棒には，Aから所有権を取得する法的な原因がないからである。このような無権利者は，引渡しがなければ所有権の取得を対抗できない第三者ではない。

　同様に，泥棒からダイヤを買った転得者Eも，無権利者から権利を取得することはできないので，178条の第三者にはあたらない。もっとも，Eには，即時取得が適用される可能性がある。

　また，客観的には178条の第三者にあたる場合でも，背信的悪意者は第三者から除かれることも，177条の場合と同様である。

第8節　即 時 取 得

1　即時取得とは

動産の占有を信頼して取引した者の保護

　引渡しは動産に関する物権変動を公示する方法であるが，だれかが動産の引渡しを受けて占有しているからといって，その動産の所有者とは限らない。たとえば，Bが友人Aからノートパソコンの引渡しを受けたとしても，そのパソコンをAから買ったとは限らない。借りたのかもしれないし，預かっているだけかもしれない。

　さて，Bが別の友人Cに，そのパソコンを譲ると言ってきたとしよう。Cにしてみれば，Bが本当にパソコンの所有者かどうか確かめるのは難しい。かりに，Aにたずねて，AがBにパソコンを売ったとわかっても，それだけでは安心できない。というのも，Bは，Aからパソコンを買った後で，だれかにパソコンを売って所有権を移転してしまい，占有改定による引渡しをし

ているかもしれないからである。しかし，これでは，およそ動産を安心して取引することはできない。

　そこで，民法は，不動産取引には採用されていない公信の原則を動産取引に認め，動産の占有によって公示されている権利について，実際は占有者がその権利を有していなくても，占有を信頼して取引した者が権利を取得できる制度を設け，動産取引の安全を図ることにした。

　それが，192条の定める即時取得制度である（善意取得制度とよばれることもある）。192条が適用されると，パソコンを占有しているBを所有者だと無過失で信頼してBからパソコンを買ったCは，実はBがAからパソコンを借りていたに過ぎない場合でも，所有権を取得することができる。その結果，Aはパソコンの所有権を失う。

　動産取引の安全を図るために，真実の所有者が犠牲になってしまうが，そもそも，預かっていた物を他人に売り渡してAの信頼を裏切るようなBにパソコンを預けたAにも問題がないわけではなく，仕方がないといえよう。

2　即時取得が成立するには

動　　産

　192条により即時取得できるのは，動産に限られる。即時取得制度は不動産には適用がない。また，すでに登記・登録されている自動車や飛行機などは，登記・登録によって権利が公示されているから，動産ではあっても即時取得できないというのが判例・通説である。これに対し，未登録の自動車など，登記・登録することのできる動産が登記・登録がされていないときは，即時取得の対象となる。

　それから，金銭も動産であるが，金銭の即時取得はそもそも問題にならない。というのも，金銭は，1万円なら1万円という価値を表すことに意味があり，それがどの1万円札であっても構わないので，金銭の所有権は，つねにその金銭（その1万円札）を占有する者に帰属すると解されているからで

ある。

占有者との有効な取引

　即時取得は，占有によって公示されている権利状態を信用して取引した者を保護する制度であるから，192条が適用されるためには，動産を占有している者と有効な取引行為をしたことが必要である。たとえば，Bのたったひとりの身内である相続人Cが，Bが生前，友人Aに借りて書斎に置いてあった本をBのものだと信じて持ち帰ったとしても，CはBと取引したわけではないから，本の所有権を即時取得することはない。

　取引行為であれば，売買でもよいし，贈与でもよいが，有効な取引行為でなければならない。したがって，売買がされたとしても，それが，売主の制限能力や錯誤により取り消されたり，無権代理により売主に効果が帰属しなかった場合には，買主は，それらの事由について善意無過失であったとしても，所有権を即時取得することはできない。

平穏・公然・善意無過失の占有取得

　また，192条が適用されるためには，平穏かつ公然に動産の占有が開始さ

れ，かつ，占有した者が善意無過失であることが必要である。

たとえば，Bが，Aから借りたノートパソコンをAに無断でCに譲渡した場合を考えてみよう。取引行為は普通，平穏かつ公然に行われるものだから，Cは，Bとの取引行為によって占有したのであれば，平穏かつ公然に占有したといえるだろう。

善意無過失が要求されるのはなぜかといえば，真の権利者Aを犠牲にしてまで保護されなければならないのは，善意無過失で取引行為をした者に限られるからである。192条の善意無過失とは，動産の占有によって公示されている権利をBが有していないことをCが知らず，かつ，知らないことについて過失がないことである。善意無過失かどうかは，Cが引渡しを受けて占有を開始した時を基準にして判断される。その判断にあたっては，Cは，動産を占有するBが無権利であることにつき善意無過失であると推定される。動産を占有する者は，188条により，占有によって公示された権利を有すると推定されるからである。

すでに触れたように，即時取得が適用されるために，Cは，動産の引渡しを受けて占有しなければならない。この場合の引渡しは，現実の引渡しによる場合はもちろんのこと，簡易の引渡しまたは指図による占有移転でもよいと考えられている。問題になるのは，占有改定による場合である。

占有改定によって即時取得することはできるか

即時取得するために動産の占有を取得しなければならないのは，所有者でない者を相手方として取引しただけでなく，取引された動産の占有を取得した者こそ，真の権利者を犠牲にしても保護するべきだからである。

ところが，占有改定による即時取得を認めると，たとえば，BがAから借りていたパソコンをCに売って所有権を移転し，占有改定をしたが，その後にBがパソコンをAに返してしまった場合にも，Cは，Aに対し，即時取得を理由に所有権を主張してパソコンの引渡しを請求できることになってしま

う。そこで，このような場合に，Aを犠牲にしてCによる即時取得を認めるべきかどうかが問題になる。

判例は，占有改定による即時取得を否定する（→ケースのなかで8）。これに対して，学説は分かれている。学説のなかには，判例に賛成する見解のほか，占有改定による即時取得を肯定する見解もある。

また，占有改定によって一応即時取得は成立するが，それは確定的ではなく，現実の引渡しを受けることによって確定的になると解する見解（折衷説）も有力に主張されている。折衷説によれば，Aに借りたパソコンを譲渡したBが，Cに動産の占有改定をした後，Aに動産を返還してしまった場合，Cによる即時取得は，いったん成立するが確定的にはならないから，結局，Cは所有権を取得できないことになる。

判例と折衷説とで何が違うかというと，判例によれば，Cの即時取得が成立するのは，Cが現実の引渡しを受けた時であるから，Cは，現実の引渡しを受けた時に善意無過失でなければならない。一方，占有改定によって一応即時取得が成立すると考える折衷説では，Cは，占有改定時に善意無過失であれば，現実の引渡しを受けた時には善意無過失でなくても即時取得できる。

ケースのなかで 8　占有改定によっては即時取得できない

　Aらが共有する発電機が倉庫に保管され，Bが倉庫の鍵を持っていたところ，Xは，発電機の所有者はBだと思ってBから発電機を譲り受け，占有改定による引渡しを受けた。一方，Aらは発電機をYに売却して搬出した。Xは，発電機の即時取得を主張。

　裁判所は，即時取得が成立するためには，一般外観上従来の占有状態に変更を生じる占有を取得することが必要であり，占有改定では足りないとして，Xの主張を退けた。

《共有物，即時取得，占有改定……最判昭35年2月11日》

3 即時取得が生じると

即時取得が生じると，動産を無権利で占有していた者が，あたかも権利を有していたかのような結果が生じる。たとえば，所有者ではない者から動産を買っても，即時取得が成立すれば，買主は，無権利者と取引したにもかかわらず，所有権を取得する。もっとも，買主の所有権は無権利者である売主から移転するわけではなく，192条の規定により，買主のところで所有権が新たに発生する（原始取得）と考えられている。と同時に，一物一権主義により，真の権利者の所有権は消滅する。

即時取得によって取得できる権利には，所有権のほか，質権がある。賃借権の即時取得も考えられそうであるが，賃借権は物権ではないという理由で，賃借権の即時取得は認められていない。

4 盗品・遺失物に関する特則

2年間は取り戻すことができる

即時取得は，Bが，Aから借りたり預かったりして占有する動産に限らず，Aから盗んだり，Aが落としたのを拾って占有している動産にも適用になる。

しかし，盗品・遺失物（落とし物や忘れ物）の即時取得については，民法に特別の規定が置かれている。すなわち，193条は，盗難の被害者または遺失物の遺失主は，盗まれた時または遺失の時から2年間は，目的物を占有者から取り戻すことができると定める。これは，Aが，動産を盗まれたり，落とし物・忘れ物をした場合には，自分の意思によらずに動産の占有を失っていることを理由に，Aの利益をより重視しようとする趣旨である。

したがって，たとえば，BがAから盗んだ腕時計を，CがBから善意無過失で譲り受けて占有していても，盗まれた時から2年が経つまでは，Aは，Cから腕時計を返してもらうことができる。

それに対して，AがBにだまされて腕時計をBに譲渡した場合，193条は

適用にならない。193条が適用されるのは、Aが自分の意思によらずに動産の占有を失った場合に限られる。Aがだまされた場合、Aは、だまされたとはいえ、自分の意思によりBに動産を引き渡したといえるので、Aは、Bからその腕時計を買って善意無過失で占有したCから腕時計を取り戻すことはできない。

代金を弁償しなければならない場合

盗品または遺失物の占有を取得したCが、目的物を競売により、または小売店舗などの公の市場で、あるいは同じ種類の物を売る商人から善意で買っていたときは、194条により、盗品の被害者または遺失主は、Cが払った代金を弁償しなければ、目的物を取戻すことができない。194条の規定は、193条に対する例外を定めたものである。

しかしながら、取戻しの請求を受けたCが骨董屋または質屋であった場合には、194条のさらに例外が特別の法律によって定められている。たとえば、骨董屋が公の市場または同じ種類の物を販売する商人から目的物を買ったときは、盗品の被害者または遺失主は、1年間に限って無償で目的物を取り戻すことができる（古物20条）。質屋が、同種の物を売っている商人から質に取ったときも同様である（質屋22条）。

これらの特別法は、被害者または遺失主への無償の取戻しを認めることにより、専門家である骨董屋や質屋に、仕入れた動産が盗品や遺失物であった場合のリスクを負担させると同時に、盗品や遺失物が取引されるのを防ごうとしている。

第9節　立木・未分離果実に関する物権変動の公示

明認方法による公示

　土地に生えている樹木や水田に植えられている稲は，土地の定着物であるから（86条1項），不動産である土地の一部として扱われる。

　しかし，実際には，土地に生育する樹木の集団（立木という）を，土地に生えたまま，土地とは別個独立に売買することが慣習上行われている。同じように，水田の稲や桑の葉，樹木に実っている果物について，収穫される前に，樹木などから分離しないまま，土地とは独立に売買の対象とし，所有権を譲り受けた買主が収穫する，ということも慣習上行われている。

　その際，立木や未分離の果実がだれのものになったかがわかるように，立木の木の皮を削って，所有権を取得した者の名前を書いたり，樹木の側に立て札をたてたりして，所有者を公示する慣習がある。このような公示方法は，明認方法とよばれている。

　もっとも，立木については，立木ニ関スル法律（立木法）によって，土地とは別個独立に立木の登記をすることができる。立木は，立木法によって保存登記されると，土地から独立した不動産となり，土地に生育する立木だけを譲渡したり，立木だけに抵当権を設定することが可能になる（立木法2条）。とはいっても，実際は，譲受人がすぐに伐採する目的で立木を買い受けたときに，手間と費用をかけて立木法の登記をすることはそう多くない。

明認方法が対抗要件になる

　立木法による登記がされていない立木や，未分離の果実が，土地の一部であるとすると，そもそも，それらを土地とは独立に取引できるかどうかが問

題になる。判例は，明認方法を対抗要件として，立木や未分離の果実を，土地とは独立に所有権移転の対象とすることを認めている。

立木の所有権だけを移転したとき

たとえば，土地の所有者Aから立木だけを買って所有権を取得したBは，立木の木の皮を削って自分の名前を書くなどして明認方法を施せば，Aから同じ立木を含むその土地の所有権を譲り受けたCに対し，立木の所有権取得を対抗することができる。同様に，Aが立木だけをBとCに二重譲渡したときは，BとCのうち，先に明認方法を備えた者が優先する。

明認方法は，その性質上，いったん備えられても，消えてなくなってしまうことが少なくない。このような場合，明認方法は公示の働きを失ない，所有権の移転を第三者に対抗できなくなる（→ケースのなかで9）。

土地の所有権だけを移転したとき

また，土地の所有者Aは，立木の所有権を自分に残して，土地の所有権だけをBに譲渡することもできる。この場合，判例は，Aが立木の所有権を自分に残すのも，一種の物権変動であるから，Aは，立木に明認方法を施さなければ，第三者に立木の所有権の留保を対抗できないとする。判例によれば，Aから土地の所有権だけを取得したBが，土地だけでなく立木の所有権もCに譲渡したときは，Aによって明認方法が行われるのと，Cによる土地の所有権移転登記と，どちらか先に対抗要件を備えたほうが立木の所有権につき優先する。

しかし，学説のなかには，Aから立木の所有権を取得していないBは，立木については無権利者であるから，無権利者からの譲受人Cは，Aから見れば，対抗要件を備えなければ対抗できない第三者にはあたらないとして，判例に反対する見解もある。もっとも，判例に反対する見解も，Cが，94条2項の類推適用によって保護される可能性は認めている。

　Aは，所有する甲土地上の立木だけをBに譲渡し，Bは立木に自分の名前を刻印した。その後，Aは甲土地を立木とともにCへ譲渡して登記を経たが，その頃すでにBの立木の明認方法は消えていた。Cから甲土地を譲り受けたXがBからの立木の転得者Yに対し，甲土地上の立木の所有権の確認を求める訴えを提起。裁判所は，いったん明認方法が行われても，問題の生じた当時，消失などにより公示の働きをしていなければ，明認方法ありとして立木の所有権を第三者に対抗することはできず，Cの所有権はBの所有権に優先すると述べて，立木の所有者はXであるとした。

　　　　　《立木，二重譲渡，明認方法の存続，転得者……最判昭36年5月4日》

第4章　用 益 物 権

　地下鉄をつくるのに，線路が通る土地の所有権をすべて手に入れなければならないとしたら，東京でこれだけ地下鉄が発達することはなかっただろう。

　所有権を取得しなくてもいい，でも目的に応じた利用をだれにも邪魔されずにしたい。そんなとき役に立つのが，物の利用を目的とする物権であり，用益物権とよばれている。

　本章では，まず，用益物権とはどのような物権なのかを説明し，続いて，民法が定める用益物権について，地上権と地役権を中心に，それぞれ，どのような内容の権利かをみる。

第1節　用益物権とはどのような物権か？

1　物を利用する権利である

　所有権が，物に対する全面的な支配権であるのに対して（→**第2章**第1節），用益物権は，物の利用を目的とする権利である。

　たとえば，ある人が，ゴルフ場を新しく造りたいと考えたとしよう。それには広大な土地が必要であるが，土地の所有権を取得しなくても，地上権という用益物権を取得すれば，その土地にゴルフ場を建設し，ゴルフ場として利用することができる。このようにして，Aの所有する土地にBのために地上権が設定された場合，Aは，その土地を利用することができなくなる。用益物権の設定によって，所有権は制限されるのである。

　一方，所有者は，自分の物を壊すことも，他に売却することもできるが，用益物権を有する者は，所有者と異なり，物を処分することはできない。Bは，その土地そのものを他人に譲渡することはできない。土地を譲渡することができるのは，AであってBではない。Bにできるのは，Bの用益物権，つまり，土地を利用する権利の譲渡でしかない。

　また，Bは，池を埋め立ててしまうなど，土地そのものに，元に戻せないような変更を加えることはできない。このことは，永小作権について明文で規定されている（271条）が，永小作権以外の用益物権にもあてはまる。

2　土地に設定される

　民法に定められている用益物権は，地上権（265条），永小作権（270条），地役権（280条），入会権（294条）である。これらはすべて，土地に設定され

★ コラム㉜：ビルのなかを高速道路が通る

　区分地上権を利用すれば，ビルのなかを高速道路が通ることも可能になる。これは，夢物語ではない。現実に通っているところがある。

　たとえば，大阪の梅田では，阪神高速道路が，16階建てのビルの5階から7階部分を通っているところがある。ビルの一部がトンネルのように空洞になっており，そこに高速道路が走っている（写真参照）。阪神高速道路株式会社によれば，この部分に，区分地上権が設定されている。

ることが前提とされている。言い換えれば，動産や，不動産であっても土地以外の物を利用する物権は，民法で認められてはいない。土地以外の物を利用するには，賃借権を用いるほかない。

3　土地を排他的に利用する権利とそうでない権利

土地を排他的に利用するための用益物権

　土地の所有権は法令の制限内において，「その土地の上下に及ぶ」（207条）。同様に，土地をその上下にわたって排他的に利用する用益物権が，地上権（区分地上権を除く）および永小作権である。

　これに対して，土地の上下の空間の一部を排他的に利用する権利が，区分地上権である。たとえば，山にトンネルを通すために土地の利用権が必要な場合，トンネルのために必要な範囲で地中の一定の部分に利用権を設定できればよい。このとき，地表をはじめ，区分地上権が設定された以外の空間は，土地所有者など，他の権利者が利用できる。したがって，たとえば，Aが所有する山に，Bが林業を営むために地上権を取得し，その山の上空につき，Cがロープウエイを通すためにAから区分地上権を取得するということも可能である。

　地上権と永小作権の区別は，どのような目的で土地を利用するかという，

目的の違いによる。地上権は，家を建てたり，樹木を育てたりして「工作物
又は竹木を所有する」(265条) ための用益物権である。これに対し，永小作
権は，田畑を耕して作物を作ったり，牛や馬を飼う（「耕作又は牧畜をする」
〔270条〕）ための用益物権である。

土地を排他的に利用しない用益物権

　同じ土地の利用でも，地役権は，土地を排他的に利用する物権ではない。
たとえば，Ｂが，Ａの所有する池からＢの水田に水を引きたい場合，Ｂは，
Ａの池に地役権を設定してもらうことができる。このとき，Ｂは，Ａの池の
水を利用することができるが，同様に，Ａもその池の水を利用できる。たし
かに，Ａは，Ｂが自分の水田にＡの池から水を引くことを妨げることはでき
ず，Ｂは，Ａの池から水を引く権利をだれに対しても主張できる。その意味
で，地役権は物権の性質である絶対性を備えている。

　しかし，地上権や永小作権と異なり，地役権には，土地を排他的に占有す
る権能は含まれていない。地役権は，互いの利用を調整しながら土地の共同
利用を行う用益物権なのである。

　用益物権としての入会権も，地役権と同じく，土地を共同利用する権利で
あるが，慣習によって成立し，たとえば，村人が山でキノコを採る権利など
のように，ある地域の住民の集団に認められる権利である点に特徴がある
(→109頁の**コラム㊲**)。

4　用益物権の成立要件・対抗要件

　用益物権は，入会権や囲繞地通行権 (210条) のように，法律の規定によ
って成立する場合を除き，物権変動の原則に従い，当事者の意思表示によっ
て成立する (176条)。用益物権の設定は，当事者間の契約によるのがもっと
も一般的である。

　意思表示による用益物権の設定，移転，消滅は，登記をしなければ第三者

に対抗することはできない（177条）。どのような者が「第三者」にあたるかは，所有権移転の場合と同様に考えればよい（→**第3章**第5節）。

5　混同により消滅する

　たとえば，Aの所有する土地に地上権を有するBが，Aからその土地の所有権を取得したとする。この場合，土地の全面的支配権である所有権には，土地を利用する権利が含まれているから，土地の所有者となったBは，所有権とは別に地上権をもつ必要はない。そこで，民法は，土地の所有権と用益物権が同一の人に帰属した場合，用益物権は混同（異なる種類の物権が同一の人に帰属すること）により消滅すると定める（179条1項本文）。

　もっとも，用益物権が混同によって消滅するのは，用益物権を存続させる必要がないことを理由とするから，存続させる必要があるときは，混同による消滅は生じない。たとえば，先の例で，地上権者Bが，Aからその土地の所有権を取得するより前に，Cを抵当権者とする抵当権を地上権に設定していたとしよう（地上権に抵当権を設定できることについては→104頁）。このとき，もし，Bの地上権が混同によって消滅するとすると，地上権を目的とするCの抵当権も消滅してしまうが，それでは困る。この場合には，Cの抵当権のために，Bの地上権を存続させる必要がある。そこで，このような場合には，Bが土地の所有権を取得しても，Bの地上権は消滅しない（同項ただし書）。

第2節　地　上　権

地上権とは

　地上権は，「工作物又は竹木を所有するため」（265条）に他人の土地を利用する物権である。「工作物」には，建物のほか，塔や池，鉄道の線路など，

あらゆる施設が含まれる。「竹木」を所有するための土地の利用とは，林業を念頭に置いており，「竹木」とは，樹木をひろく指す。

　地上権には，有償のものと無償のものとがあり，どちらでもよい。もちろん，地代を支払う合意をするのが普通だが，無償でもよいというのは，無償の永小作権は存在し得ない（270条参照）のと比べた地上権のひとつの特徴といえる。

建物を所有するための土地賃借権との比較

　建物所有を目的として他人の土地を利用する権利には，民法上，地上権のほか賃借権がある。賃借権は債権であるため，物権である地上権と比較して効力が弱い（→表4-1）。

　実は，民法の起草者は，建物を所有するための土地利用権としては，賃借権ではなく地上権が使われることを予定していた。ところが，民法が施行されてみると，土地の所有者は，自分の土地に物権であって効力の強い地上権が設定されることを嫌ったので，もっぱら賃借権が使われた。賃借人の地位は脆弱であったため，様々な社会問題が生じ，賃借人を保護する必要が生じることとなった。

　そこで，建物の所有を目的とする土地の賃借権の効力を強化するため，1909年に建物保護法（建物保護ニ関スル法律）が，1921年に借地法が制定された。現在では，建物所有を目的とする地上権と賃借権の両方が，借地権として，借地借家法の適用を受ける。したがって，建物所有を目的とする限り，現在では，基本的に，どちらを用いてもほとんど変わりない。

　以下では，地上権にひろく一般的に適用される民法の規定について説明するが，建物所有を目的とする地上権については，借地借家法が特別法として優先的に適用されることを頭に入れておこう。

表4-1　地上権と民法上の賃借権との違い

	地　　上　　権	賃　　借　　権
使用目的	工作物または竹木の所有（265条）	目的に制限なし
対価性	有償または無償	有償（601条）
対抗力	登記により，第三者に対抗できる。地上権者は土地所有者に対して登記請求権を有する。	不動産の賃借権は，登記により第三者に対抗できる（605条）。しかし，賃借人は賃貸人に対して登記請求権を有しない（判例・通説）。
譲渡・賃貸	自由にできる	賃貸人の承諾が必要（612条）
抵当権の設定	できる（369条2項）	できない
存続期間	当事者が自由に決められる。期間の定めがないときは，慣習によるか，慣習のないときは，裁判所が当事者の請求により，20年以上50年以内の範囲で存続期間を定める（268条）。	50年以下（604条）。最短期間の制限なし。

★ コラム㉝：永久に続く地上権

　存続期間を自由に決められるのなら，「永久」に存続する地上権も当然に有効といえそうである。しかし，結論はそう簡単ではない。永久に存続する地上権を認めると，その土地の所有者は永久にその土地を利用できなくなる。それでは，「利用できない所有権」を作り出すことになって，所有権の性質に反するとも考えられるからである。

　そこで，かつては，永久に存続する地上権は認められないとする見解が多かった。これに対して，判例は明治時代から永久の地上権を認めている。たしかに，理論的には，利用できない所有権というのは所有権概念に矛盾するが，それによって実際上とくに問題が生じるともいえない。そのため，現在では，学説も，実際上問題がないという理由で，永久に存続する地上権を肯定する見解が多数になっている。

存続期間は自由に決められる

　地上権は，工作物または竹木を所有することを目的とするので，長期にわたって存続することが前提となる。それに対応して，民法は，地上権の存続期間について，永小作権（278条）や賃借権（604条）のような制限を設けていない。したがって，当事者は，存続期間を自由に定めることができる。たとえば，樹木を所有するためには，百年を超える，いや，場合によっては，数

百年の存続期間が必要なこともあるだろう。

　当事者が存続期間について定めない場合にも，地上権は有効に成立する。このとき，地上権の存続期間はどのように決まるのだろうか。

　まず，その土地に，たとえば，樹木を所有するために他人の土地を利用するときは50年を一区切りとするなどの慣習があれば，存続期間はその慣習によって決まる（268条1項）。慣習のない場合，当事者は，裁判所に地上権の存続期間を定めるよう請求することができる。このとき，裁判所は，工作物または竹木の種類および，これらの実際の状況，地上権設定当時の事情を考慮したうえで，20年以上50年以内の範囲で存続期間を定める（同条2項）。

地上権は自由に譲渡・賃貸でき，抵当権を設定することもできる

　地上権者は，地上権を第三者に譲渡・賃貸することも，地上権に抵当権など担保物権を設定する（369条2項）ことも自由である。たとえば，Aが，Bの所有する土地に地上権を設定してもらい，その上に建物を建てた場合，Aは，その建物といっしょに，敷地の地上権を第三者に譲渡することができる。

　地上権者は，地上権を自由に譲渡・賃貸できる点で，土地の上に賃借権を有する賃借人とは異なる。というのは，賃借人は，賃貸人の承諾がなければ賃借権を譲渡したり，目的物を転貸することができないからである（612条）。このことは，土地の賃借権が借地借家法の適用を受ける場合も同じである。もっとも，賃貸人に不利益を及ぼすおそれがないにもかかわらず，賃貸人が賃借権の譲渡や転貸を承諾しないと，賃借人の利益を不当に害することになる。そこで，借地借家法19条は，そのような場合，裁判所が，賃借人の申立てにより，賃貸人の承諾に代わる許可を与えることができると定めている。

　地上権の譲渡や，地上権への抵当権の設定は，物権変動であるから，これらを第三者に対抗するには，登記をしなければならない（177条）。

地上権の消滅

　存続期間が満了した場合，当事者は合意によって地上権の設定を更新することができるが，更新がなければ，地上権は存続期間の満了により消滅する。また，当事者間で地代を支払う合意がされていた場合（有償の地上権），地上権者が引き続き2年以上地代を支払わないときは，土地所有者は地上権を消滅させることができる（276条。266条1項により準用）。

　地上権が消滅したとき，地上権者は，土地を地上権が設定された時の状態にして，所有者に明け渡さなければならない。土地の上に，地上権設定当時は存在しなかった工作物または竹木があれば，地上権者が自分の費用で撤去する。もっとも，土地所有者は，希望すれば，土地の上の工作物または竹木を地上権者から買い取ることが可能である（269条1項ただし書）。

第3節　地　役　権

地役権とは

　地役権とは，ある土地の便益のため，特定の目的に従って他人の土地を利用する物権である（280条）。先にあげた例でいうと，Bが，Aの所有する池

からBの水田に水を引くということは，Bの土地の便益のために，Aという他人の土地を利用するということである。このような場合，AとBとの契約により，Bの土地のためにAの土地に地役権を設定することができる。このとき，他人の土地を利用して便益を受けるBの土地を要役地，利用されるAの土地を承役地という。

　地役権が設定された場合，承役地の所有者Aは，Bが，定められた目的に従って土地を利用することを妨げてはならない。たとえば，Aは，Bが，Bの田に水を引くためにAの池にポンプを設置し，あるいは，Aの土地を通る水路を作ったりすることを妨げたり，設置された設備を壊したりしてはならない。

　しかし，地役権は，Aによる承役地の利用を排除しないので，Aは，Bの利用を妨げない範囲でなら，Bの設置したポンプや水路を利用することができる（288条1項）。

目的にも存続期間にも制限はない

　地役権に関しては，どのような目的で他人の土地を利用するかにつき，民法上制限はない。

　たとえば，公道から引っ込んだ場所にあるBの土地から公道に出るためにAの土地を通るのが便利なとき，BはAと契約して，Aの土地の上に通行地役権を設定してもらうことができる。また，地役権は，当事者の意思によって設定されるほか，法律の規定によって生じる場合もある。たとえば，Bの土地が袋地のときは，Aの土地を通る権利が法律上発生する（法定地役権）こともある（210条。→**第2章**第3節3）。

　さらに，地役権には，Bの土地の日照を阻害しないため，Aの土地に高層の建物を建てないなど，Aの不作為を内容とする地役権もある。

　地役権は有償でも無償でもよい。存続期間も，当事者が自由に定めることができる。存続期間について民法上定めがないのは，地役権が土地を排他的

> ### ★ コラム㉟：通行地役権と時効
>
> 　地役権は，時効取得することのできる財産権である（163条）。しかし，他人の土地の上を毎日20年間歩いても，通行地役権を時効取得することはできない。民法の起草者は，その理由について，自分の土地をだれかが通るのを止めるのは所有者にとって面倒であり，近所の人が自分の土地を通るのを黙認することが多いからだと説明している。たしかに，このような場合に，地役権が時効取得され，所有者が地役権の負担を負うのは気の毒だろう。
>
> 　このようにして，民法は，時効の進行を妨げることが実際上難しいタイプの地役権については，時効取得を否定した。すなわち，地役権の時効取得は，「継続的に行使され，かつ，外形上認識することができるもの」についてしか認められない（283条）。ただ歩いているだけでは，「継続」とはいえず（歩いていない時間がある），通行地役権を時効取得することはできない。これに対して，他人の土地を工事して通路を開設した場合には，「継続的に行使され，かつ，外形上認識することができるもの」といえる。実質的にも，このような場合は，土地所有者も時効の進行を妨げることが期待されるから，通行地役権の時効取得を認めても不当ではない。

に利用するものではなく，土地の所有権に対する制限が大きくないためである。

地役権は要役地と運命をともにする

　地役権は，あくまでＢの土地（要役地）のために設定される用益物権であって，Ｂという人のために設定されるものではない。したがって，たとえば，ＢがＡの池の水を利用する地役権をＡの土地（承役地）に設定してもらっていた場合，Ｂが，要役地をＣに譲渡してしまえば，もはやＢはＡの池の水を利用することはできなくなる。反対に，要役地をＢから譲り受けたＣは，Ａの池から水を引くことができる（281条1項本文）。地役権は，要役地のために設定されているので，要役地の所有権が移転すると，地役権も要役地の所有者に移転するからである。

　ただし，ＢとＡとの間でＢが要役地の所有権を第三者に譲渡したときは地役権が消滅すると定めるなど，設定行為によって特段の定めがされていた場合は別である（同項ただし書）。

同様に，要役地であるBの土地に地上権や抵当権が設定されたときは，設定行為による別段の定めのない限り，地役権も地上権や抵当権の目的となる（同項本文）。また，地役権は要役地の便益のために設定されたものであるから，地役権だけを要役地と切り離して譲渡したり，抵当権の目的とすることはできない（同条2項）。地役権の従たる権利としてのこのような性質を，地役権の付従性または随伴性という。

承役地の譲受人は承役地の負担も引き継ぐ

承役地の所有者Aは，AとBとの契約により，Bが地役権を行使するために，Aが費用を出して池にポンプを設置するなど，工作物を設けたり，その修繕をする義務を負うことがある。このとき，DがAから承役地を譲り受けると，Dは，承役地の所有者としてAが負担していた義務を承継する（286条）。Aが承役地の所有者として負担する義務に関するA・B間の合意は，地役権設定登記の対象となるので（不登80条1項3号），Aの土地を譲り受けようとするDは，その合意を事前に知ることができる。反対にいえば，このような合意は，登記されていなければDに対抗できない。

地役権の消滅

地役権は，存続期間の満了によって消滅する。また，第三者が地役権の行使を妨げた状態で承役地を占有し，承役地を時効取得すると，地役権は消滅する（289条）。

地役権が消滅したとき，地役権者は，承役地に何らかの変更を加えていた場合には，もとの状態に戻さなければならない。たとえば，Aの池から水を引くために，地役権者Bが承役地であるAの池にポンプを設置していた場合，地役権者Bはこれを撤去しなければならない。

★ コラム㊱：通行地役権の対抗力

　地役権の設定は，登記をしなければ第三者に対抗できない（177条）のが原則
である。ところが，通行地役権につき，判例は，この原則を緩め，登記がなく
ても第三者に対抗できる場合のあることを認めている。たとえば，Aが，所有
する土地（要役地）のために，Bの所有する土地（承役地）上に通行地役権を設
定してもらった後，承役地がBからCに譲渡されたとする。この場合，判例に
よれば，Bの土地がAによって継続的に通路として使用されていることが，そ
の位置，形状，構造等の物理的状況から客観的に明らかであり，かつ，Cがそ
のことを認識しまたは認識できたときは，通行地役権の登記がなくても，Aは，
通行地役権をCに対抗することができる。なぜなら，このような場合，Cは，
AがBの土地を通行する何らかの権利を有していると推測することが可能であ
り，Bに照会するなどして，通行権の有無や内容を容易に調査することができ
るからであるという。

★ コラム㊲：入　会　権

　民法が制定された当時，農村では，村（行政区画としての村ではなく，集落とし
ての村）の住民が，山林などの土地を，まきや馬草を集めたり，キノコや山菜
を採ったりするために，皆で利用する慣習がひろく存在していた。土地の利用
形態は慣習によって様々であり，自分たちの村が所有する土地をその村の住民
が利用する場合もあれば，A村にある土地をA村とB村の住民が利用すること
もあった。村の住民でなければその土地を利用することはできず，たとえば，
引っ越して村を出た村人は，その土地を利用することはできなくなった。

　民法は，慣習によるこのような権利を入会権として認め，その内容について
は，その地域の慣習にゆだねた（263条・294条）。そのうえで，補充的に，入会
権の対象となる土地を村が所有する場合には共有の規定を（263条），村が所有
しない土地に対する入会権には地役権の規定を（294条），それぞれ適用するこ
とにしている。

第**5**章 占　　有

　礼服や自転車を手元に置いて実際に使っている場合を考えよう。このような物の現実的な支配は，自分が所有している場合ばかりではなく，レンタル・ショップから貸衣装を借りたり，友人から自転車をただで貸してもらっている場合にもある。さらには，他人の物を無断で使っている場合のように支配を正当化する根拠がない場合にすら，現実的な支配はある。支配・利用できる法的な根拠（権原<ruby>権原<rt>けんげん</rt></ruby>という）の有無や内容をとりあえず脇に置けば，共通して，現に物を支配している状態を考えることができる。民法は，物権編「第2章　占有権」で，このような物の事実的支配に多様な効果を与えている。これが占有という制度である。

　占有の効果が多様であることから，これをひとまとめに理解しようとするとどうしても無理が生じる。そこで，本書では，他の制度と結びつけて理解する機能的な説明を試みている。そのため，民法の占有の章に置かれている条文のかなりの部分の説明は，他の章に譲っている。本章で詳しく学ぶことになるのは，占有の意義・要件・消滅と，効果のうちで取得時効と結びついた諸規定および占有訴権に限定される。

第1節　占有の意義

1　占有は事実的支配を内容とする

占有取得＝占有意思＋物の所持

　民法180条は，自己のためにする意思（これを占有意思という）をもって物を所持すれば占有権を取得できると規定している。これは，意思（主観的要件）と所持（客観的要件）の双方を必要とする立法主義であるが，以下で説明するように実際には所持の有無の方が重要である。

占有意思には要件としての意味がほとんどない

　占有意思は，占有によって利益を受けようという意思を意味し，他人の物を借りて使っている場合や他人の物を預かっている場合なども含まれるため，所有の意思よりひろい。占有意思は，意思無能力者の所持のような客観的な事実的支配だけでは占有を認めないための主観的要件であったが，現在の判例・通説は，所持者の内心の意思ではなく，所持を成立させる権原の性質により客観的に認められるとする。たとえば，留守中に郵便受けに配達された手紙にも占有は成立する。さらに進んで，占有意思をまったく問題にしない考え方すら有力である。要するに，占有意思がないから占有が取得できない，とされる場合はほとんどなく（→**コラム㊳**），占有意思は占有の成立を限定する意味をほとんど失っている。

事実的支配である所持の有無も法的な評価によって判断される

　所持は，有体物を社会通念上独立して事実的に支配していることを意味す

る。手元に置いて使っているなど目に見える形の物の把握がある場合だけではなく，たとえば，駐車用スペースとして区画された土地を継続して使用している者には，車を運転中でもその土地の所持が認められる。また，賃借人を介して，所有者＝賃貸人も所持しているとされる。この場合を民法は代理占有とよんでいるが（181条），民法総則の代理の規定がすべてあてはまるわけではなく（占有は法律行為ではなく事実行為であり，賃貸人と賃借人の間に本来の代理の関係は存在しなくてもよい），用語法としてはまぎらわしい。そこで，学説では，ドイツ民法にならって，この場合を間接占有とよぶことが多い。これに対して，実際に物を使っている賃借人の占有は，直接占有とよばれる。この場合には，賃貸人・賃借人の両方に占有が認められる。

　一方，食事中の客が食器を手にしていても，所持しているのはレストランであって，客には独立した所持はない。同様に，親と同居している子供や住み込みの使用人などにも居住建物の独立した所持はなく，もっぱら親や雇い主だけが所持者だとされる。また，判例では，会社の代表取締役が会社の代表者として土地を所持する場合には，土地の占有者は会社自身であり，取締役個人の占有はない，とされている。このように目に見える形で物を支配していても独立した所持がないとされる者を，占有補助者または占有機関とよんで，二重に占有が成立する直接占有・間接占有とは区別している。これらの者に所持（したがってそれを要素とする占有）が否定されるのは，レストラン・親・雇い主だけに占有の効果を認めれば十分であり，別個独立に同様の保護を与えたり占有者としての責任を負わせる必要はないからである。

　このように，所持は，たしかに事実的支配を核としてはいるが，占有の効果を認める必要があるか否かという法的な評価によって判断される。

占有は本権とは異なる事実的支配である

占有の背後にあって占有を正当化する権利を本権や占有するべき権利，あるいは占有権原とよぶ。所有権や地上権，質権などの物権だけではなく，賃貸借契約や寄託契約などの契約上の権利も本権となる。占有は，現に支配している状態をさし，背後に本権があるか否かを問題としない。占有と本権すなわち占有するべき権利は別ものである。たとえば，売買契約によって所有権という本権をすでに取得した者も，引渡しがされるまでは占有を取得していない。逆に，財布を道で落としてゆくえがわからなくなればその占有は失われるが，財布の所有権はそれだけではただちに失われない。間接占有や占有補助者による占有が認められる点で，占有は観念化していると表現されるが，あくまで事実的な支配を基礎としており，本権が事実的な支配を離れても存在するという意味で観念的な存在であるというのとは異なる。

占有権か占有か？

民法は「占有権」という表現を用い，物権編に所有権などと並べて規定している。たしかに，「占有権」には，だれに対しても主張できる対世効が認められている。しかし，それは，他の物権のように物の価値帰属を人に割り当てて利益の享受を積極的に正当化するものではない。むしろ，占有自体は権利ではなく事実的支配であり，事実的支配に対して2にみるような多様な効果が権利として与えられているにすぎない。この点で，占有は，他の物権とは異質である。このため，近時の学説の多くは，「占有権」とよばず，単に「占有」と表現する。本書もこの用語法に従っている。

2　占有に結びつけられた多様な効果

ローマ法に由来する規定とゲルマン法に沿革をもつ規定が日本民法には混在しているため（→コラム㊴），占有の効果には多様なものがある。機能面から分類すると，占有は，つぎの5つの効果をもつ。すなわち，①取得した本

　ポッセッシオー（possessio）は，ローマ法で占有を意味するラテン語である。それは，所有権の成立が不可能なケースで，占有訴権による保護を与える必要があったことから，所有権とは異なる概念として発展した。

　ゲヴェーレ（Gewere）は，近代以前のドイツ（ゲルマン社会）に固有の観念で，占有移転行為から転じて，物の事実的支配を意味した。ゲルマン法では，ゲヴェーレは所有権などの本権と対立するものではなく，本権と不可分に結びつき保護の対象となる「権利の衣」と解された。

権を公示し，対抗要件となる（182条〜184条・178条。→83頁以下），②本権の存在や適法性などの推定の基礎となり，時効取得や即時取得を成立させるための占有者の証明責任を緩和する（186条・188条）。③所有者などから返還請求を受ける占有者の利益を保護する（189条〜191条・196条。→26頁以下）。④本権の原始取得の要件となる（162条の取得時効。192条〜194条の即時取得。→87頁以下。195条・239条・240条の無主物先占など。→29頁以下）。⑤占有訴権制度による保護を受ける（197条〜202条）。本章では，このうち，②・④（取得時効との関連に限る）と⑤を説明し，その他は，上記各個所に譲る。

3　なぜ事実的支配にすぎない占有が保護されるのか？

　事実的な支配にすぎない占有が保護される根拠として，自力救済禁止と引換えに現状をそのままにして平穏な社会秩序を維持することがあげられる。ある人が自分には占有するべき権利があると主張して占有者に土地の明渡しを求める場合も，逆に占有者が占有を奪われたと主張して現占有者に返還を求める場合も，相手方には言い分があるから，公的な手続によらずに主張どおりの自力救済を許せば，実力行使が横行して平和な秩序を保てない。占有をもとに築かれてきた状態をとりあえずはそのままにしておいて，訴訟で争わせるのがよいと考えられたのである。しかし，現状の平穏な社会秩序の維持は，むしろ仮処分制度や刑事法に期待するべきものとも考えられるから，占有制度による保護を十分には基礎づけられない。

　本権の存在の証明が困難なこと（「悪魔の証明」などとよばれる。→117頁のコラム㊵）を回避し背後にある本権を保護することも，占有の保護の根拠とし

てあげられる。しかし，本権保護は，本権をもたない占有者まで保護する理由にならない。さらに，これらの根拠は，占有のその他の機能をうまく説明できない。占有に結びつけられた機能が多様であることから，それぞれの機能に応じて考える必要がある。1つの根拠だけで統一的に占有の保護を説明しようとすることには無理がある。

第2節　占有の取得と消滅

1　占有の取得にも承継取得と原始取得がある

占有の移転による承継取得

　占有は多くの場合，背後に所有権などの本権を伴う。そのため，売買契約で所有権を取得するなど本権が承継取得されると，あわせて占有も承継取得される。民法は，占有の移転（譲渡）につき4つのパターンを規定しており（182条1項・2項・183条・184条），これらはいずれも178条の引渡しとして，動産物権の承継取得についての対抗要件となる。これらの具体的な説明はすでにしたので（→83頁以下），ここでは**表5−1**による補足的な説明にとどめる。

相続による承継取得

　相続の効果は人の死亡時に発生するから（882条），民法には明文の規定はないが，相続財産の占有はただちに相続人に承継されると解される。このように理解しないと，相続人が相続財産を実際に所持するまでの間に占有が中断し，人の死亡という偶然的な事情によって，時効取得が妨げられたり，不法な占有侵害に対する相続人の保護が欠けてしまうからである。

表5-1　簡易の引渡し・占有改定・指図による占有移転と占有関係の変更

事　例	引渡し前	引渡し後
売主Aから買主Bへの現実の引渡し（182条1項）	Aは直接占有・自主占有 Bは占有なし	Aの占有は消滅 Bは直接占有・自主占有
売主＝元賃貸人Aから買主＝元賃借人Bへの簡易の引渡し（182条2項）	Aは間接占有・自主占有＊ Bは直接占有・他主占有＊	Aの占有は消滅 Bは直接占有・自主占有
売主Aから買主Bへの占有改定（183条）	Aは直接占有・自主占有 Bは占有なし	Aは間接占有・他主占有 Bは間接占有・自主占有
Cに預けた物の，売主＝元預け主Aから買主Bへの指図による占有移転（184条）	Aは間接占有・自主占有 Bは占有なし Cは直接占有・他主占有	Aの占有は消滅 Bは間接占有・自主占有 Cは直接占有・他主占有

＊自主占有と他主占有の区別については→119頁以下。

★ **コラム㊵：悪魔の証明**

　自分に現在所有権があることを証明するためには，売買や相続などの有効な所有権取得原因によって前の所有者（前主とよぶ）から所有権を承継取得したことを証明しなければならない。前主の所有権はその前主（現在の所有者からみれば前々主）から，同様に承継取得したことで証明される。このように考えると，動産を最初に作り出したり，国家から不動産所有権の払下げを受けた時点までさかのぼらないと，現在の所有権の帰属は証明できないことになってしまう。時間の経過による証拠の散逸を考えると，この証明を要するとすることは不可能を強いることになるので，悪魔の証明とよばれる。取得時効制度や即時取得制度は，所有権の原始的な取得を認めて，それ以上さかのぼる必要をなくすものであり，権利推定規定は，所有権帰属の証明の困難を緩和するものである。

承継取得と原始取得の2つの占有は並立しうる

　占有は，新たに占有意思と所持の要件を満たせば原始取得されるから，承継取得の場合には，2つの占有が並立することになる。占有が2つ考えられることは，取得時効の成否において重要な意味をもつ（→121頁以下）。

2　占有は2要件のいずれかが欠けると消滅する

　占有も他の物権同様に，目的物が滅失すれば消滅する。そのほかに，2要件のいずれかが欠けると消滅する。

占有意思が欠ける場合

占有者が自己のためにする意思を放棄すれば占有は消滅する（203条。**コラ
ム㊶**）。間接占有の場合には、間接占有者が直接占有者に占有させる意思を
放棄することで消滅する（204条1項1号）。

さらに、直接占有者が、本人（＝間接占有者）に対して自己または第三者
のために目的物を所持する意思を表示すれば、本人のために所持する意思が
なくなるから、本人の間接占有は消滅する（204条1項2号）。今までAの物
だと思って占有していたところ、自分あるいはBの物であるらしい証拠が出
てきた（相続を介在していると稀にはこういうこともありうる）という場合がこ
れにあたる。これに対して、賃貸借契約が終了した場合のように、代理占有
関係を基礎づけていた法律関係が消滅しても、それだけで本人のために所持
する意思がなくなるわけではないから、間接占有は失われない（204条2項）。

このように、占有取得の場合にはほとんど問題にならなかった占有意思も、
占有の消滅の場合には、一定の役割を果たす。

所持が欠ける場合

所持を失えば、占有は消滅する（203条）。直接占有者が所持を失った場合
には間接占有者の所持も失われ、占有は消滅する（204条1項3号）。もっと
も、占有回収の訴え（200条）を起こして勝訴すれば、占有は所持を奪われて
いた期間も継続していたものとみなされる（203条ただし書）。

回収に費用を要する古い家具を，回収業者に引き取ってもらう手配をして自宅玄関前の道路に置いたところ，それを無断で持ち去った者がいるとしよう。自治体から回収の委託を受けている業者に損害が出るだけでなく，場合によってはプライバシーにもかかわるため，感情の問題だけではすまない。ゴミを持ち去った者に対して法的に何らかの主張ができるだろうか。所有権を放棄する意思は外形にも表れているように思えるが，回収業者に対して所有権を譲渡する意思があったとは考えられないか。自宅の敷地内に置いたゴミなら少なくとも占有は続いているようにみえるが，道路に置いたのでは占有意思を放棄したことにならないか。それとも，回収業者に占有を承継させる意思だと考えるのか。廃棄物についての責任（→23頁の**コラム⑥**）とも関係して，容易には結論のでない難しい問題である。

第3節　取得時効に関連する規定

1　自主占有と他主占有では時効取得できる権利が異なる

　所有の意思をもった占有を自主占有といい，所有の意思をもたない占有を他主占有という。「主」は所有者を表現しており，自主占有は所有者としての占有，他主占有は，ほかに所有者がいることを前提とする占有と言い換えてもよい。他主占有は，所有の意思をもたない占有だが，「自己のためにする意思」（180条）は備えている（混同しやすいので注意！）。賃貸借契約や使用貸借契約など他人の物の有効な利用契約を介し，それを権原として物を占有している場合が他主占有の典型例である。もっとも，すでに述べたように占有は，それを正当化する権原を背後にもつとは限らないから，たとえば，実際には利用契約がなかったり無効であるのに，有効にそれが存在すると誤信して所持する場合にも，他主占有は成立する。

　自主占有と他主占有の区別が最も意味をもつのは，所有権の取得時効の成

否についてである。他人から借りた（あるいは借りたと誤信した）物について
は，いくら長期間占有を続けても，所有権を時効取得することはできない。
途中で返還する意思がなくなっても同様である。ただし，今までAの物だと
思って占有していたところ，自分の物であるらしい証拠が出てきたので，占
有者が自分のために占有する意思をAに対して表示した場合や，真の所有者
と思われるBから買い取るなど新しい占有権原によって所有の意思をもって
占有を始めた場合には，その時点から自主占有が認められ（185条。前述した
204条1項2号と表裏の関係にある），所有権の時効取得の可能性が出てくる。

　一方，他主占有の場合には，所有権こそ時効取得できないが，所有権以外
の財産権の取得時効を認める一般的な規定（163条）や，地役権については
283条の明文規定があり，判例は，賃借権や地上権なども283条と類似の要件
を満たせば時効取得できるとしている。

2　瑕疵のある占有と瑕疵のない占有では時効取得の期間が異なる

　暴行もしくは強迫による占有（平穏でない占有），隠匿による占有（公然でな
い占有），悪意の占有（本権のないことを知っている占有）または善意だが善意
であることに過失のある占有を，瑕疵のある占有という。これに対して，平
穏，公然，善意かつ無過失の占有を瑕疵のない占有という。

　平穏・公然の占有でないと，およそ時効取得は認められない（162条・163
条）。瑕疵のない占有の場合には，10年の短期の時効取得ができるが，悪意
や有過失の占有では，20年の長期の時効取得しか認められない（162条1項と
2項を対比）。

3　2つの推定

　取得時効制度は長期間の占有継続を要件としているし，さらに，短期取得
時効は，争いになる時から10年以上前の時点で瑕疵のない占有を開始したこ
とが要件となっている。これを占有者に証明せよというのでは，取得時効制

度は実際にはほとんど機能しないことになる。そこで、民法は、2つの推定規定を設けている。

まず、占有者は、所有の意思をもって、善意で、平穏に、かつ、公然と占有をするものと推定される（186条1項）。それを争う側が反対の証拠を挙げなければならない。ただし、判例は、取引行為によって占有が承継取得される即時取得の場合（→90頁）とは異なって、原始取得した占有を根拠に取得時効が主張される場合もあることを考慮して、条文どおり無過失は推定されないと解するので、客観的な状況からみて権原がなかったことに疑いを抱かなかったのが当然であるという事情を、占有者が証明する必要がある。これに対して、学説には、186条または188条の解釈として無過失まで推定されるとの見解も有力である。

つぎに、過去のある時点で占有を取得したことと、争いになった現時点で占有をしているとの証拠があれば、その間は、占有が継続したものと推定される（186条2項）。その間の占有の中止等によって取得時効が中断している（164条）と主張する者が、中断を証明しなければならない。

4 物権を承継取得した場合と占有

2つの占有の選択ができるが、瑕疵も引き継ぐ

Aの自主占有している物の権利が、売買や相続によってBに承継取得された場合、先に述べたように（→117頁）、Bには新たに自らが原始取得した占有とAから承継取得した占有が並列するから、Bは、前者の自己の占有のみを主張してもよいし、Aの占有も併せて、期間を合算してもよい（187条1項。Aのさらに前主や前々主とさかのぼることもできる）。ただし、Aの占有も併せて主張する場合には、Aの占有の瑕疵をも承継することになる（同条2項）。

たとえば、Aが悪意（または有過失）で土地を13年間占有し、その後、Bが善意・無過失で8年間占有した場合、Bは、自己の占有だけでは、短期取得時効の要件を満たさないが、Aの占有も併せて主張することによって、長

期取得時効の要件を満たすことができる（→**図5-1のケース①**）。しかし，A
の悪意占有が11年間であったとすると，合算によって期間は19年になるが，
Aの悪意を承継するので，短期取得時効は主張できず，もう1年待って長期
取得時効を主張するか，2年待って自らの占有だけを根拠に短期取得時効を
主張する必要がある（→**図5-1のケース②**）。

　争いがあるのは，Aが善意・無過失で8年間占有し，その後悪意のBが8
年間占有したような場合である（→**図5-1のケース③**）。判例・多数説は，A
の善意・無過失の占有を承継するので，Bに短期取得時効の主張を認めるが，
悪意のBをそこまで保護する必要はなく，187条2項は，瑕疵のないことの
承継まで認めていないとして，反対する考え方もある。

他主占有者を相続した場合はどうなるか？

　被相続人Aが他主占有していた物を，相続人BがAの所有物だと誤信して
占有した場合はどうなるだろうか。相続が包括承継であることを重視すれば，
他主占有者の相続人はどこまで行っても他主占有者であり，所有権を時効取
得できない。しかし，判例は，相続人が所有の意思をもって取得した事実的
支配による独自の占有があるとして，所有権の時効取得を認めた（→**ケース
のなかで10**）。判決からは明確ではないが，結果的には，相続が185条後段の
新権原にあたると認めたことになる。

> **ケースのなかで 10**　　**他主占有者の相続人も所有権を時効取得できる**
>
> 　A所有の不動産をAの五男Bが占有管理していたが，昭和32年にBが死亡し，
> その妻X₁と子供X₂が占有を承継した。以後，X₁は，所有者のように本件不動
> 産の保守管理を継続し，賃料を収取したり，固定資産税を納付していた。昭和36
> 年にAが死亡し，妻や子供・孫（X₂を含む）がAを共同相続した。昭和47年にX
> らがAに残っていた登記名義をXらに移転することへの同意を求めたところ，共
> 同相続人の一部であるYらが同意しなかった。裁判所は，その事実的支配が外形
> 的客観的にみて独自の所有の意思に基づくものと解される事情をXらが証明でき

図5-1　善意・悪意と占有の承継

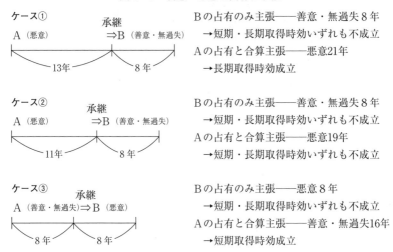

ケース①

A（悪意）　　　承継⇒B（善意・無過失）

|――――13年――――|――8年――|

Bの占有のみ主張——善意・無過失8年
　→短期・長期取得時効いずれも不成立
Aの占有と合算主張——悪意21年
　→長期取得時効成立

ケース②

A（悪意）　　　承継⇒B（善意・無過失）

|――――11年――――|――8年――|

Bの占有のみ主張——善意・無過失8年
　→短期・長期取得時効いずれも不成立
Aの占有と合算主張——悪意19年
　→短期・長期取得時効いずれも不成立

ケース③

A（善意・無過失）承継⇒B（悪意）

|――8年――|――8年――|

Bの占有のみ主張——悪意8年
　→短期・長期取得時効いずれも不成立
Aの占有と合算主張——善意・無過失16年
　→短期取得時効成立

た本件では，昭和42年に取得時効が完成したと認められるとした。

　《取得時効，他主占有・自主占有，相続，新権原……最判平8年11月12日》

第4節　占有訴権

1　占有訴権とは何か？

　資材置き場として無償で借りた土地に，権原もないのに自動車を常時駐車する者がいてじゃまになって困っている場合を考えよう。197条から202条に規定されている占有の訴えを，伝統的に占有訴権とよんでいるが，これは，事実的支配が侵害されたりそのおそれがある場合に，侵害者や侵害を生じさせるおそれのある者に対して，妨害の停止・予防・物の返還を求める占有者の請求権である。占有訴権という呼び名は，沿革からきたものであるが，特別の訴訟手続は用意されておらず，訴訟によって行使するべき実体法上の請求権を簡略に表現するものである。

2 この権利はなぜ認められるか？

第1節3で述べた2つの側面から説明される。ただ，泥棒や不法占拠者など，正当な権原をもたない者まで保護されるのは，平穏な社会秩序の維持に伴う副作用にすぎず，これらの者が保護に値するからではない。また，物権でありながら物権的返還請求権が否定されている留置権や質権（302条・353条），および，1の資材置き場の例のように原則として債務者にしか権利を主張できない賃借権や使用借権などの債権的利用権は，占有訴権によってのみ保護される。この点では，占有訴権は，本権保護の機能を果たしている。

3 請求権の種類と特徴

占有保持の訴え・占有保全の訴え・占有回収の訴え

占有を全部奪う以外の形で占有を部分的に侵害された場合には，妨害の停止および損害賠償を求める占有保持の訴え（198条），妨害のおそれがある場合には，妨害の予防または損害賠償の担保を求める占有保全の訴え（199条），占有が全部侵奪された場合には，目的物の返還および損害賠償を求める占有回収の訴え（200条1項）を，占有者は提起できる（→**図5-2**）。

占有保持の訴えは，妨害が続く間か，妨害が終わった後1年以内に提起しなければならない（201条1項本文）。占有保全の訴えは，妨害の危険が存在する間に提起する必要がある（同条2項本文）。いずれも，さらに，工事によって占有物に損害が生じるかそのおそれがある場合には，着工後1年を経過するか工事が完成すると，権利行使ができない（同条1項・2項の各ただし書）。

占有回収の訴えは，侵奪，すなわち占有を意思に反して奪われたことを要件とするから，本権に基づく物権的返還請求権とは異なり，自らの意思で占有を移転した場合には，たとえだまし取られたとしても，提起できない。また，占有回収の訴えの相手方となる（被告適格があるという）のは，原則として，侵奪者とその包括承継人（相続人や合併会社など）である（200条2項参照）。

図5-2　3つの請求権の関係

$$
\begin{cases}
\text{現に占有の侵害が存在}
\begin{cases}
\text{占有の全部侵奪} \cdots\cdots\cdots\cdots\cdots\cdots \text{占有回収の訴え} \\
\text{占有の一部侵害} \cdots\cdots\cdots\cdots\cdots\cdots \text{占有保持の訴え}
\end{cases} \\
\text{占有侵害のおそれが存在} \cdots\cdots\cdots\cdots\cdots\cdots\cdots\cdots\cdots \text{占有保全の訴え}
\end{cases}
$$

★ コラム㊷：交 互 侵 奪

　Aから自転車を借りたBがCにそれを盗まれた。その場で奪い返せば適法な自力救済となるかどうかの問題であるが，Bは，数日後にその自転車を発見した。BはCに対して占有回収の訴えを提起できるが，訴えを起こすことなくCに無断で自転車を持ち帰ったとしよう。このような事例を交互侵奪とよんでいる。CはBに占有回収の訴えを起こせるか。

　最近の多数学説は，Bの2番目の侵奪が最初のCの侵奪から1年以内であればCの占有回収の訴えを認めるべきでないとする。この場合にCの請求を認めても，BもまたCに占有回収の訴えで勝訴でき，結局，自転車はBのところに戻るので，Cの訴訟が無駄になるからである。

これに対して，転買主などの特定承継人は，侵奪の事実を知っていた場合にのみ被告となる（同項ただし書）。占有回収の訴えは，侵奪時から1年以内に提起しなければならない（201条3項）。この訴えに勝訴すれば，所持を失っても占有は消滅しない（203条ただし書）。これは，取得時効の不中断や留置権の存続（164条・302条）にとって，意味がある。

共通する特徴

　占有訴権も一種の物権的請求権であり，客観的に占有が侵害されるかそのおそれがあれば足り，侵害者や侵害を生じさせるおそれのある者に故意や過失を要しない点で，本権に基づく物権的請求権と同じである。損害賠償請求権は，本来，占有訴権の効果ではなく，不法行為（709条）に基づくものであり，侵害者に故意・過失を要する。占有訴権の箇所にこれが規定されたのは，損害賠償請求権が，占有訴権と両立または選択可能であることを示すとともに，不法行為の一般的な規定（724条）より短い期間制限に服することを明らかにする趣旨である。なお，妨害除去等の請求権の内容は，法文が明記して

いるので，行為請求権と考えられている。

　原告となりうるのは，占有者で，間接占有者でもよい（197条後段）。占有補助者（→113頁）は，原告となることも被告となることもできない。また，占有の侵害から1年がすぎると新たな事実的支配が確立してしまうから，本権に基づく物権的請求権とは異なり，上記のような期間の制限がある。

4　占有訴権と本権に基づく物権的請求権はどういう関係に立つか？

　たとえば，所有者が所有物を奪われた場合は，所有権に基づく返還請求権と占有回収の訴えが両方成り立ちうるが，両者は独立しているので，所有者はいずれを行使してもよい（202条1項）。つぎに，権原のない占有者Xが占有している物を，その所有者Yが実力で奪おうとしているとしよう。XはYに対して占有保全の訴えを提起できるが，Yも所有権に基づく返還請求ができる。この場合も，両者は独立しているので，占有保全の訴えに対して，Yが所有権を有することを抗弁として主張することはできない（同条2項）。もっとも，判例は，占有訴権の被告となったYが，所有権に基づく返還請求権の反訴を提起することは許されるとした。この場合には，両請求とも認容されて，最終的には物は所有者に戻ることになる。

第**6**章　抵　当　権

　住宅を購入するためにローンを組むなど長期に高額の資金を調達する場合，その借入金の担保のために土地や建物を抵当に入れる（抵当権を設定する）ということがよく行われる。

　抵当権は，債権者と不動産を担保として提供する者（債務者でない場合もある）との間の設定契約によって生じる。抵当権が設定された後も，設定者は，その不動産の使用・収益を続けることができる。弁済期が到来してもその債務が弁済されない場合，抵当権を有する債権者は，その不動産を競売によって売却して（換価して），その売却代金から，他の債権者に優先して弁済を受ける権利を有する。

　本章では，まず，担保物権の基本型としての抵当権をとりあげ，抵当権についての整理を進めていくなかで，担保物権一般についての基本的事項をも理解できるよう構成されている。

第1節　担保物権の基本型としての抵当権

1　抵当権とは

　たとえば，分譲地を購入する買主Aが，その土地を担保にして銀行Bから
ローンを得てその購入資金の一部3000万円を調達する場合を考えてみる。

　貸金債権についていえばBが債権者となるが，抵当権は，Bと不動産を担
保として提供する債務者Aとの設定契約によって生じる。この場合，Bを抵
当権者，Aを抵当権設定者という。抵当権者は，債権（被担保債権という）が
期日に弁済されない場合，その不動産に対し他の債権者に先立って自己の債
権の弁済を受ける権利（優先弁済権）をもつ（369条1項）。抵当権の効力は，
登記によって確保され，不動産は，抵当権者に引き渡されることなく担保に
供される。抵当権設定者は，実行により換価処分が完了するまでは，不動産
を使用・収益することができる。

　なお，Aが法人（会社）であって，会社の不動産ではなく，社長C個人所
有の土地に抵当権を設定して，銀行Bから事業資金5000万円の借入れをする
という場合もある。このように，債務者A以外の者Cが担保提供する場合，
この担保提供者Cを「物上保証人」とよんでいる。

2　担保物権としての抵当権の性質

債権と抵当権との関係（付従性，随伴性，不可分性）

　抵当権は，特定の債権（被担保債権）の実現という目的を確保するための
手段である。したがって，被担保債権について，その消長や権利者の変更な
ど権利関係の変動があれば，その実現のための手段にすぎない抵当権も，そ

の変動に即応して変動することになる。

　第１に，抵当権の性質として，被担保債権の存在や変更・消滅に関して，「付従性」があげられる。たとえば，1000万円の貸金債権について抵当権が設定されていたが，貸金契約の意思表示が詐欺などの理由で取り消されたら，抵当権はどうなるのか。取消しによって被担保債権が存在しなくなるから，その存在を前提とする抵当権の設定契約も無効となり，すでに登記済みであっても，抵当権は効力を失うことになる（その例外の場合として→**ケースのなかで11**）。また，1000万円のうち500万円について債務免除がされた場合，抵当権はその残りの債務額についてのみ効力をもつことになる。さらに，1000万円の貸金債務が完済されると，もう被担保債権は存在しないのだから，その登記が残っていても，抵当権は効力を失うことになる。

ケースのなかで 11　基礎となる契約が無効だった場合の抵当権

　Ｘは，労働金庫法所定の会員資格がないのに有資格者を装って，Ａ労働金庫から約60万円を借り受け，その担保の目的でＸ所有の土地・建物に抵当権を設定した。弁済期になってもＸから返済がないので，Ａは，抵当権を実行し，Ｙがその土地・建物を競落した。Ｘは，Ａ・Ｘ間の契約は無効であり，したがって抵当権も無効であるとして，Ｙに対して，土地・建物の所有権移転登記の抹消と明渡しを請求した。

　裁判所は，まず，この貸付契約は労働金庫法によって認められていないいわゆ

る員外貸付けであり無効であるとしても，XはAに対して，貸付金相当額の不当利得返還債務（703条）を負っているとした。さらに，本件抵当権は，経済的には，この不当利得返還債務の担保たる意味を有しており，その債務を弁済しないで，貸付けの無効を理由に抵当権ないしその実行手続の無効を主張することは，信義則上許されないとし，Xの請求を棄却する判断を示した。

《抵当権の付従性,法人の権利能力,員外貸付,信義則……最判昭44年7月4日》

このように，被担保債権について権利の発生・変更・消滅などにかかわる事実があれば，抵当権も発生・変更・消滅することになる。このような抵当権の性質を「付従性」とよんでいる。

この「付従性」は，質権や抵当権などの約定担保権については，一定の局面で緩和されている（→**第7章**第2節の根抵当権など）。

第2に，抵当権の性質として，被担保債権が第三者に移転された場合に関して，「随伴性」があげられる。たとえば，Bを貸主とする1000万円の貸金債権について債務者Aの不動産に抵当権が設定されていたが，その貸金債権がBからCに譲渡（466条以下）されたら，Bの抵当権はどうなるのか。抵当権は，被担保債権の実現を確保するための手段である。したがって，被担保債権の債権者がBからCに交替すれば，手段としての抵当権もCに移転し，Cが抵当権者となる。このような抵当権の性質を「随伴性」とよんでいる。

第3に，抵当権の性質として，被担保債権の一部が弁済された場合等に関して，「不可分性」があげられる。たとえば，1500万円の貸金債権について債務者所有の価格1000万円の土地と500万円の建物に抵当権が設定されていたが，その債務の一部である500万円が弁済されたとする。この場合，債務者は，残債務額が1000万円に減ったので，建物についての抵当権を外しその登記の抹消を求めることができるだろうか。たしかに，抵当権の担保する債権額は「付従性」によって1000万円となるが，債権者は，この土地と建物から優先的に弁済を受ける権利を取得したわけであるから，一部弁済があったとしても，その分だけ抵当不動産の範囲も減少させることとは結びつかない。

(1)　債権の確実な実現は「債務者の財産」にかかっている

(2)　債権者平等の原則

　　債務者の債務の合計額が総財産の額を超えるときには，各債権者はそれぞれ債権額に比例して弁済を受けるにとどまる

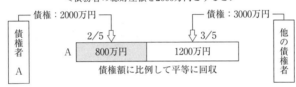

(3)　確実に弁済を受けるための 2 つの手段（担保）

　①　保証──人的担保

　あらかじめ，強制執行できる財産（責任財産）を増やしておく

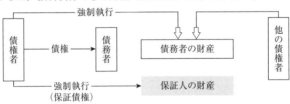

　②　担保物権（抵当権など）──物的担保

　あらかじめ，優先的に弁済を受けることのできる特定の財産を確保しておく

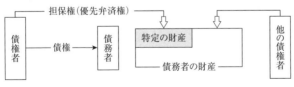

債務全額が弁済されるまで，抵当権者は抵当不動産の全部についてその権利を行うことができる。このような抵当権の性質を「不可分性」とよんでいる。

　これらが，被担保債権の権利関係の変動に関して抵当権がもつ 3 つの性質である。この抵当権の性質は，質権や先取特権などの他の担保物権（さらに

は人的担保である保証など）についても，基本的には共通のものである。

目的物が滅失・損傷した場合の抵当権 （物上代位性）

さらに，抵当権の性質として，抵当権の効力の及ぶ範囲に関して，「物上代位性」があげられる。たとえば，貸主B・借主Aとする1000万円の貸金債権について，Aの建物に抵当権が設定されていたが，Cの放火により，その建物が焼失してしまったとする。抵当権の目的物である建物が消滅したわけであるから，当然，その建物に対する抵当権は意味を失う。しかし，この火災により，Aが，Cに対して500万円の損害賠償請求権を取得したとする。抵当権者Bは，この抵当不動産の代償物ともいえるAのCに対する損害賠償請求権に対しても，その権利を行うことができるとされている（304条。372条で準用）。このように，抵当権は，その目的物が滅失または損傷したような場合，これによって債務者が受けるべき金銭その他のもの等に対しても，優先弁済権を及ぼすことができる。このような抵当権の性質を「物上代位性」とよんでいる（詳しくは→第3節4）。

3　抵当権制度の基本的な枠組み（3つの原則）

債務者の総財産を対象とする抵当権は認められない （特定の原則）

抵当権の目的物は，たとえば，債務者A所有の「この建物」あるいは「この土地」というように，特定していなければならない。債務者所有の不動産全部を目的物として1つの抵当権（一般抵当権）を設定することはできない。抵当権は，特定の不動産に対して設定される。

抵当権は公示されなければならない （公示の原則）

抵当権は，登記によってその存在が公示されなければならない。登記による公示を要するという点では，物権一般の原則（177条）による（→第3章第2節1）ことを意味するに過ぎないが，抵当権では，つぎの2つの理由から，

公示の必要性がとくに強調される。

　第1に，抵当権の場合は，設定された後も，その不動産を債務者が占有し使用・収益を続けることになるので，そのままでは，抵当権が設定されている不動産なのかどうか第三者にはわからない。たとえば，その不動産の購入を考えているような者のためには，抵当権の設定についてとくに登記による公示が要求される。

　第2に，抵当権は，上述のように，特定の不動産に対してのみ設定される（特定の原則）。したがって，抵当権者が優先弁済を受けることのできる不動産がどの財産なのか，他の債権者のためにもこれを登記により公示することが要求される。

　もっとも，抵当権の成立それ自体には登記があることが要件とはなっていない。しかし，登記のない抵当権は，実際上ほとんど意味がない（→135頁の**コラム㊺**）。

　なお，抵当権は登記されなければならないといっても，その登記が虚偽であれば，それを信じて取引をした第三者，たとえば，抵当権によって担保された債権だと信じて，債権を譲り受けた第三者などが保護されるわけではない。他の不動産物権と同様に，抵当権の場合も「公信の原則」は採用されていない。

抵当権の順位は登記の先後によって定まる（順位確定の原則）

　たとえば，AがBから2000万円を借り受け，A所有の価格3000万円の土地に抵当権を設定し登記した場合でも，Aはその後，Cからさらに2000万円借り受け，その土地にさらに抵当権を設定することができる。これは次のような理由による。

　抵当権は，地上権などと違って，その不動産の引渡しを受けて自ら利用するわけではないので，同じA所有の土地にBの抵当権とCの抵当権が併存することも不可能ではない。また，Bが抵当権を実行して優先弁済を受けても，

この土地の価格からみてなお1000万円が残る可能性があるので，Cがその残余分を見込んで抵当権の設定を受けることができてもよいはずである。さらに，もしBの債権が完済されたら，この土地は3000万円の担保価値を回復することになる。となると，Cとしては，自己の債権の全額について優先弁済を受けることができるかもしれないという期待をもつことも考えられる。

　このように，1つの土地や建物に二重，三重に抵当権を設定することができるから，その優先順位に関するルールを定めておくことが必要である。

　民法では，抵当権の順位は，登記の先後によって定まり，この順位は，後に設定された抵当権により変動することはない，という原則（順位確定の原則）がとられている。したがって，前述の例でいえば，Bが第1順位，Cが第2順位の抵当権を有することになり，抵当権が実行され予測どおり3000万円の配当金が生じたら，Bが2000万円，Cが1000万円の弁済を受けることになる。

　しかし，いったん定まった順位も，先順位の抵当権が弁済等により消滅した場合には，後順位の抵当権の順位が上昇する（順位上昇の原則）。民法では，この場合にまで，順位確定の原則はとられていない。前述の例によると，AがBに2000万円完済したら，Cの抵当権の順位が上昇して，Cは2000万円満額について優先弁済を受けることができるようになる。Aは，Bへの弁済により，その土地の2000万円分について担保価値を回復したわけであるが，次にDから融資を受けて抵当権を設定しても，第1順位とすることはできず，Dの抵当権はCの抵当権に後れた順位の抵当権となる。

第2節　抵当権の設定

1　抵当権設定契約と設定登記

抵当権は合意によって設定される

　抵当権は，それを設定するという債権者と設定者の合意（抵当権設定契約）によって成立する。公正証書その他の書面によることも要しないし，質権の場合のように，担保目的物の引渡しを要するわけでもない，無方式の諾成契約である（369条1項）。

抵当権の設定と登記

　抵当権の設定登記は，他の物権変動の場合と同様に，抵当権の成立要件ではなく対抗要件である（177条）。すなわち，抵当権は登記がなくても有効に成立するが，第三者に対して抵当権の存在を主張するためには登記がなければならない（→**第3章**第2節1）。

2 抵当権の設定ができるもの (抵当権の目的)

　抵当権は，目的物の占有の移転を受けないで優先弁済権を取得する権利である。したがって，抵当権は，質権とは異なり，登記や登録などの公示方法が制度上整っているものにしか設定できない。

　民法で抵当権の目的として認められているものは，これまで例としてあげてきたように，登記制度が整備されている不動産である（369条1項）。さらに，不動産に対する物権である地上権と永小作権の上にも，抵当権は設定できるとされている（同条2項）が，実際上その例は稀である。民法以外でも，商法やその他の特別法によって，船舶，立木，工場などが，抵当権の目的として認められている（→コラム㊻）。

3 抵当権によって担保される債権 (被担保債権)

貸金 (金銭消費貸借) 債権以外の債権のためにも設定される

　土地や建物を抵当に入れるといえば，通常は，銀行融資などの場合の担保設定がイメージされる。たしかに，抵当権は，ほとんどの場合が貸金（金銭消費貸借）債権の担保のために設定される。しかし，抵当権によって担保される債権（被担保債権）は，貸金債権に限られているわけでなく，たとえば，売掛代金債権などが被担保債権であることも少なくない。さらには，被担保債権は，金銭債権以外の債権であってもかまわない。売買契約の物の引渡債権や請負契約の建築工事履行債権なども被担保債権とすることができる。もっとも，この場合の抵当権は，実際は，引渡しや建築工事の履行そのものを担保しているわけではなく，それらの債務が不履行となったときを想定し，そのときの損害賠償債権を担保しているといってよい。したがって，この場合，設定登記をする際の債権額としては，その債権を金銭評価した価額を記載することになる（不登83条1項1号）。

> ★ **コラム㊻：抵当権は土地・建物以外のものにも設定できる**
> ① 不動産…………土地・建物（民法），立木（立木法）。
> ② 動産……………船舶（商法），航空機（航空機抵当法），自動車（自動車抵当法），農業用動産（農業用動産信用法），建設機械（建設機械抵当法）。
> ③ 財産権…………地上権・永小作権（民法），採石権（採石法），漁業権（漁業法），採掘権（鉱業法）。
> ④ 特別法上の財団……工場財団（工場抵当法），鉄道財団（鉄道抵当法），鉱業財団（鉱業抵当法），軌道財団（軌道抵当法）。

債権の一部または数口の債権を被担保債権とすることもできる

たとえば，1000万円の債権のうち700万円だけというように，債権の一部を被担保債権とすることもできる。設定登記の申請書に債権額を1000万円ではなく700万円と記載すれば，その抵当権者は700万円分についてだけ優先弁済権を取得することになる。

他方，たとえば，ある債務者に対して何口かの貸金債権を有しているような場合，その数個の債権をあわせて被担保債権として，1つの抵当権を設定することもできる。さらには，債務者が異なる複数の債務である場合であっても，とくに差し支えない。

将来発生する債権を被担保債権とすることもできる

抵当権は被担保債権のために存在するから，発生していない債権については抵当権は存在しえないはずである（抵当権の付従性）。この点で，将来発生する債権のために現在の時点で抵当権を設定できるかについて，従来から議論のあるところであったが，今日では，これを肯定するのが通説・判例である。消費賃借契約の要物性（587条）から，金銭交付（目的物の引渡し）前の抵当権設定契約や抵抗権設定登記は無効ではないかという点についても，2017年民法改正により，書面による消費貸借は目的物の引渡しがなくても効力を生じる（587条の2）とされたことから，議論する必要がなくなった。書面の存在しない金銭消費貸借契約を被担保債権として抵当権設定契約がされることは実務ではおよそ考えられない。

第3節　抵当権の効力

1　優先弁済的効力

一般債権者に優先して弁済を受けることができる

抵当権者は，弁済期が到来しても弁済されないときには，抵当不動産を競売手続によって換価して，その売却代金から，他の債権者に優先して，自己の債権の弁済を受けることができる（369条1項）。抵当権の最も中心的な効力は，この優先弁済的効力である。抵当権者は，設定登記を備えていれば，他の債権者に優先弁済権を主張できる（177条）。抵当権者は，抵当不動産以外の財産からも弁済を受けることができるが，原則として，抵当不動産の代価で弁済を受けられない部分に限定される（394条1項）。

他の担保権者との優劣関係

前述したように，同じ不動産に対して複数の抵当権を設定することができる（→第1節3）が，その抵当権相互間の優劣は，登記の前後による（373条。その順位により1番抵当権，2番抵当権……という）。同順位の抵当権相互間では，優劣はなく，被担保債権額に比例して配当を受ける。

抵当権と不動産の先取特権との優劣については，先取特権の種類に応じて優劣を定めるルールが規定されている（336条・339条等）。質権との優劣については，登記の前後による（373条。361条で準用）。

Aが，Bの土地について少なくとも3000万円の値打ちがあると見込んで抵当権を設定してBに2000万円貸し付けたところ，Bは，それまでに，税金2000万円を滞納していたことが判明した，とする。この場合，かりに3000万円でその土地を売却換価できたとしても，そのうち2000万円はまず税金にあてられる。税法上，抵当権の設定登記がされる以前に法定納期限が到来した国税や地方税等の債権は，登記されていなくても，抵当権に優先して弁済を受けることができるとされているからである（税徴8条・16条等）。

2　担保される債権の範囲

抵当権が担保するのは元本債権だけか？

BのAに対する貸金債権1000万円についてAの土地に抵当権が設定されたとすれば，その1000万円の債権が被担保債権である。しかし，貸金債権は，多くの場合，利息付きである。また，弁済期を徒過した場合，Bは，Aに対して，遅延損害金（金銭債務の場合は遅延利息ともいう）を請求できる（415条1項・419条）。さらに，A・B間で，債務不履行に対する違約金についての約束がある場合も考えられる。そこで，Bとしては，元本1000万円だけでなくて，利息，遅延損害金，違約金（→債権〔第2版〕**第3章**第2節6），あるいは抵当権実行費用なども被担保債権の範囲にあるものとして，優先弁済を主張することができるか，ということが問題となる。とくに，元本債権額（上例では1000万円）より抵当に入れられた土地や建物の価値が高い場合（たとえば1500万円），後順位抵当権者や一般債権者は，先順位の抵当権が実行された場合に，どこまで先順位の抵当権者に配当され，残余価値がどれだけになるのかについて，重大な利害関係を有する。

利息と遅延損害金についてはどこまで及ぶか？

抵当権は，元本に対してはもちろんのこと利息に対してもその効力を有する。この利息債権の範囲について，民法は，満期となった「最後の2年分」についてのみ抵当権を行使することができると規定している（375条1項本文）。たとえば，AがBから年利8％で1000万円借り受け，時価1500万円の

A所有の土地に抵当権を設定し，その利息の定めを付して登記したとする。この場合，Bは，抵当権者として，元本1000万円に最大限2年分の利息160万円を加えた合計1160万円について優先弁済権を有することになる。したがって，第三者Cがその登記を見れば，Bの抵当権が実行されてもなお340万円の残余が生じることがわかる。そこで，Cは，その残余価値を考慮して，第2順位の抵当権を設定して新たに融資するか否かを検討することができる。このようにして，目的物の価値を担保のために最大限に利用することが可能となる。

　なお，2年以上にわたる利息については，満期後に特別の登記をしたときにかぎり，その登記の時から抵当権を行使することができる（同項ただし書）。

　また，遅延損害金についても，利息の場合と同様の規定が置かれており，利息金と通算して2年分を限度として抵当権によって担保される（同条2項）。違約金については，とくに規定はないが，損害賠償の予定と推定される場合（420条3項）は，利息制限法の範囲内で，同様に担保されるものと解されている。これに対して，そのように推定されない違約金については，違約金額の登記の可否についての争いも含めて，説が分かれている。

3　担保権の及ぶ財産の範囲

抵当権の効力が及ぶのは目的不動産だけか？

　債務者Aの不動産に抵当権が設定されれば，抵当権の実行は，設定の際にその目的物として明示されているAの土地・建物に対して行われる。民法は，さらに，抵当権はその不動産に「付加して一体となっている物」にも及ぶ，と規定している（370条本文）。これは，抵当権の実行に際して，目的不動産からそれと一体を成している物を分離して換価するのではなく，あわせて換価して優先弁済の対象とすることで，両者が一体となっていることによる社会経済的なメリットを維持し，抵当権の実効性を高めようとするものである。もっとも，抵当権設定の際に当事者の特約によって，「付加一体物」であっ

　375条では，抵当権は，利息については「最後の２年分」についてのみ行使することができると規定されている。しかし，

　(1)　債務者（設定者）との関係　　この規定は，抵当権者Ｂと後順位抵当権者等の第三者Ｃとの利害を調整するための規定であるから，債務者（設定者）Ａとの関係では，このような債権額の縮減の必要はない。したがって，Ｃがいない場合は，この規定の適用がなく，Ｂは，実行時までの利息のすべてを含む債権全額について競売申立てができる。また，Ｃが後順位抵当権者の場合であれば，まず，Ｂ自らが最後の２年分の利息を含む配当を受け，つぎにＣが同様に最後の２年分の利息を含む配当を受けた後になお余剰があれば，ＢとＣは，各抵当権に基づいて，残債権額で按分した配当を受けることができる。

　(2)　代位弁済して抵当権を消滅させようとする者との関係　　後順位抵当権者等の第三者Ｃが債務者Ａの代わりに弁済（代位弁済）して抵当権を消滅させようとする場合には，一般に，抵当権者Ｂの立場を重んじて，この規定の適用がなく，Ｃは，その時点までの利息のすべてを含む債権全額を弁済しなければならないと解されている。

　(3)　抵当不動産の第三取得者との関係　　抵当不動産を買い受けた者（第三取得者）との関係では，この規定の適用がなく，被担保債権全額に抵当権の効力が及ぶとする説がある。これに対しては，そう解すると，抵当不動産を買い受けようとする第三者が代価をいくらにすればリスクがないかを判断できないとして，反対する立場も有力である。

ても，特定の物については抵当権の効力が及ばないとすることもできる（370条ただし書前段）。

　この「付加一体物」とは何かについては，従来から多くの議論があるところであり，以下でとりあげる。

付合物は付加一体物か？

　たとえば，債務者Ａ所有の建物に抵当権が設定された場合，その屋根瓦は，建物という不動産の一部（構成部分）であるから，それに抵当権の効力が及ぶことになる。抵当権設定後に相当の費用をかけて屋根瓦を取り替えたとしても，新しい屋根瓦はその抵当建物に「従として付合した物」（242条）として建物の所有権に吸収され独立性を有しないから，これを付加一体物という

か否かは別として，当然，抵当権の効力が及ぶ。

　したがって，目的不動産の構成部分となる「付合物」は，抵当権設定時に付合していたか，設定後に付合したか，いずれであっても抵当権の効力が及ぶことになる。

従物は付加一体物か？

　たとえば，債務者A所有の建物に抵当権が設定され，その建物と同じ敷地内に付属して物置がある場合，この物置にも抵当権の効力が及び，両者を一体として換価できるとすると，その意味は大きい。物置は，屋根瓦のように抵当不動産の構成部分となる「付合物」とは違って，あくまで，抵当不動産から独立した物である。このような付属物は「従物」（87条1項）とよばれるが，この従物に抵当権の効力が及ぶか否かについては議論がある。

　抵当権設定時の従物（たとえば，以前からある物置）については，判例は，古くから，抵当権の効力が及ぶとする立場をとっている。この結論については，学説上も異論はない。ただ，条文根拠ないし法律構成については，370条の付加一体物とみて抵当権の効力が及ぶとするのか，87条2項の「従物は主物の処分に従う」という規定に基づき，主物である不動産の処分（抵当権設定）が従物にも及ぶとするのか，見解が分かれる。

　抵当権設定後の従物（たとえば，設定後に建てられた物置）については，判例の立場は，必ずしも明確でないが，何らかの構成で抵当権の効力を及ぼそうとする方向にあると評価されている。学説は，87条2項は設定後の従物にも適用されるとしたり，あるいは370条の付加一体物は設定の前後を問わず従物をも含むとして，抵当権の効力が設定後の従物にも及ぶことを肯定する立場が一般的である。

　とりわけ，設定前からの従物が設定後に新しいものと取り替えられた場合に抵当権の効力が及ぶとすることには異論がないが，はなはだ高価なものと取り替えられたような場合には，一律の判断は難しい。

★ コラム㊾：不動産から分離された動産に抵当権の効力は及ぶか？

　たとえば，債務者A所有の土地（山林）に抵当権が設定されたが，その抵当権が実行される前に，債務者Aがその土地上の立木を伐採し，その伐採された材木を搬出しようとしたとする。その材木は，担保不動産である土地から分離されて動産となっているので抵当権の効力は及ばないのだろうか。

　判例は，抵当権設定後に不動産の一部が元物から分離されて動産となっても，その動産について抵当権の効力が消滅するわけではないとし，抵当権に基づいて，その材木の搬出を禁止することができるとしている。学説は，この結論を肯定するが，その法律構成については，抵当不動産の登記の公示力に基礎をおくか，一種の物上代位（304条。372条で準用）とみるか，見解がわかれている。分離された動産がその不動産から搬出されてしまった場合，それに対する抵当権の効力についても，同様に議論のあるところである。

★ コラム㊿：建物に対する抵当権は借地権にも及ぶ

　Bの抵当権がC所有の土地上にあるA所有の建物に設定されている場合に，その抵当権が実行されDが買受人になったとする。建物所有者となったDとその敷地の所有者であるCとの関係は，どのようになるのか。

A所有　　　　　　　　　　　　　　　　　　D買受人

Bの建物抵当権の実行
建物所有権＋敷地利用権の移転

C所有　　　　　　　　　　　　　　　　　　C所有

　①　建物の敷地利用権（通常は借地権であるので以下借地権という）は，「物」ではないが，地上の建物を使用していくうえで必須のものである。そこで，87条2項を類推適用し，この借地権について建物を主物とする「従たる権利」であるとして，建物に対する抵当権は，この借地権にも及ぶと解されている。したがって，建物の買受人Dは，その借地権をも取得することになる。

　②　つぎに，買受人Dはその借地権を土地所有者Cにも主張できるか。この借地権が地上権である場合には，Dは，借地権をCの承諾なしに主張できる。借地権が賃借権であると，やや複雑である。その場合は，612条1項によりCの承諾が必要となるが，それが得られない場合でも，裁判所による「承諾に代わる許可」（借地借家20条）を得れば，その借地権をCに主張できることになる。

債務不履行後の「果実」にも及ぶ

たとえば，債務者A所有の土地（田畑）に抵当権が設定された場合，田畑から生じる穀物や野菜などの収穫物に対しても抵当権は及ぶのだろうか。

抵当権は，抵当不動産を債務者（設定者）の手元にとどめ，その使用・収益を奪わない権利である（369条1項）。したがって，不動産から生じる穀物や野菜などの果実（88条1項）の収益権は，債務者（またはその不動産の用益者）に残されている。

しかし，被担保債権について不履行があったときは，その時点より後に生じた抵当不動産の果実にも抵当権の効力は及ぶとされている（371条）。

4　抵当権と物上代位

物上代位とは

かりに，AがBから1000万円を借りてその担保のためにAの建物に抵当権が設定されていたが，その建物が焼失してしまったとする。抵当権は物に対する権利だから，その建物が焼失すれば，Bの抵当権もその対象を失い消滅することになろう。ここで，抵当権設定者であるAがその建物に火災保険をかけていて，その焼失により保険会社Cに対して800万円の保険金請求権を取得したとする。この場合に，Aには保険金請求権が生じるのに，Bは抵当権を失うことになる。これは，Bにとっては納得しがたい結論であろう。

民法は，このように担保の目的物（Aの建物）が滅失・損傷したような場合に，それによって設定者Aが受けるべき「金銭その他の物」（Cに対する保険金請求権）に対しても，（Bの）抵当権の効力が及ぶとしている（304条。372条で準用）。したがって，抵当権者Bは，抵当物件であるAの建物が滅失しても，Aの保険金請求権を差し押さえ，Cから保険金を取り立てて債権の弁済にあてることができる。このような効力を，抵当権の物上代位性という。この効力は，抵当権のほか先取特権と質権にも認められている。

　不動産相場の下落により，担保にとっている不動産が十分な価額で売却できないような場合に，当該不動産の交換価値ではなく，利用価値に着目して，賃料収入を被担保債権の回収にあてたいというニーズが生まれてきた。担保不動産収益執行（→5）や賃料債権への物上代位は，このようなニーズに応えるものである。

　他方，抵当不動産が賃貸されている場合に賃料債権に対して抵当権に基づく物上代位が認められるということになると，債務者や他の債権者からの対抗措置として，将来の賃料債権の譲渡（→**第9章**第2節5）が行われることがある。

　372条が準用する304条1項ただし書は，目的物の賃貸によって債務者が受けるべき金銭の「払渡し又は引渡し」の前に差押えをしなければならないと定めている。ここで，債権譲渡が「払渡し又は引渡し」に該当するとなると，賃料債権に対する物上代位が認められた意味は半減する。この点で，判例は，「払渡し又は引渡し」には債権譲渡は含まれず，抵当権者は，物上代位の目的債権（将来の賃料債権）が譲渡され，第三者に対する対抗要件が備えられた後においても，自ら目的債権を差し押さえて物上代位権を行使することができるとする。抵当権の効力が物上代位の目的債権についても及ぶことは抵当権設定登記によって公示されており，債権譲受人の第三者の利益を害することはないからである。

物上代位の対象となる請求権

　物上代位の対象は，抵当不動産の①売却代金，②賃料や地代，③滅失・損傷によって抵当権設定者が受けるべき損害賠償金や④保険金等である。物上代位は，それらの金銭自体ではなく，その請求権に対して行われる。

　①　売却代金については，目的不動産が売却され買主に所有権が移転しても，その物に対してなお抵当権を実行することができる（追及効）ことから，物上代位は認められないとする考え方もあるが，いずれかを選択して行使できるとするのが多数説である。

　②　賃料や地代については，抵当権を実行することができる場合には代位できないとする説も少なくなかったが，判例は物上代位を認めている。2003年改正前の371条では，果実については370条の付加一体物から除外されるが，抵当不動産の差押え後は抵当権の効力が及ぶという規定であった。それが改正により「抵当権は，その担保する債権について不履行があったときは，そ

の後に生じた抵当不動産の果実に及ぶ」と明記されたことが，この解釈を後押ししている。

③　不法行為に基づく損害賠償金（709条）や土地収用法に基づく補償金（収用104条）の請求権などは，当然，その対象となる。

④　火災保険金請求権は，A・C間の保険契約に基づいて保険料支払の対価として生じるものであるとして，物上代位できないとする立場もある。しかし，抵当不動産の代償物であるとして，肯定するのが判例・通説である。

代位権行使の要件

物上代位によって設定者の第三者に対する請求権から優先弁済を受けるためには，その金銭が設定者に払い渡される（たとえば，保険会社から保険金が支払われる）前に，抵当権者は，その請求権を差し押さえなければならないとされている（304条1項ただし書。372条で準用）。

5　抵当権の実行

民事執行法による抵当権の実行

抵当権の実行は，担保不動産競売と担保不動産収益執行の２つの方法によって行われ，その手続は民事執行法に定められている（民執180条以下）。

ところで，抵当権の実行について，抵当権者と設定者との間で，このような競売の方法によらずに「債務の弁済がないときには抵当不動産の所有権をそのまま抵当権者に帰属させる」という特約（流抵当（ながれていとう），抵当直流（じきながれ）れの特約）が，あらかじめ締結されることがある。このような特約については，質権の場合（349条）とは違ってこれを禁止する規定がなく，有効であると解されている。もっとも，この場合にも，代物弁済の予約について仮登記担保法が適用される（→193頁の**コラム(59)**）のと似た状況にあることから，抵当権者は債権額と不動産価額との差額について清算する義務がある，と解されている。

　債権者Bのために抵当権の設定されたAの建物が焼失し，AがC保険会社に対して保険金請求権を取得したとする。Bは，このAのCに対する請求権について物上代位できるが，CがAに保険金を支払うまでに，その請求権を差し押さえなければならない（304条1項ただし書。372条で準用）。ここで，Bがこの請求権を差し押さえる前に，Aの一般債権者Dが差し押さえたときはどうなるのか。

　判例は，物上代位権を行使する債権者（抵当権者）Bは一般債権者Dによる債権差押事件に配当要求することによって優先弁済を受けることはできず，Bみずから差し押さえなければならないとする。物上代位において差押えを要するとする理由については，種々の考え方があるが，①目的となる債権を特定する趣旨と，②優先権を公示して保全する趣旨との両面性があるとされている。上記の判例は，後者の優先権を公示する機能を重視する立場に依っていると解される。

不動産競売の手続

　抵当権の実行方法としての担保不動産の競売は，基本的には，担保権が設定されていない不動産の強制競売の手続に準じて（民執188条），①不動産競売の申立て，②競売（入札・競り売り等），③売却代金からの優先順位による配当（優先弁済）のプロセスを経て行われる。

　抵当権実行の際の競売申立てでは，①抵当権が存在すること，②原則として被担保債権の弁済期が到来していること，という2つの要件を充足していることが必要である（実質的要件）。手続上は，①抵当権の存在を証する一定文書（登記簿の謄本等）の提出（民執181条），②実行の障害となる事由（会更50条等）が存在しないこと，という2つの要件が加わる（形式的要件）。

　抵当権の実行によって，抵当権設定者は，抵当不動産の所有権を失うことになる。もし，競売手続の途中で，資金繰りができて債務者が債権者に全額弁済したような場合には，それを証する所定の文書を提出すれば，手続は停止する（民執183条1項3号）。しかし，さらに手続が進み買受人が代金を納付する段階にまで至れば，その納付によって買受人が所有権を取得する。もはや，設定者は，債務が弁済されたこと等を理由にして，抵当不動産の所有権を取り戻すことはできない（民執184条）。

抵当権実行のもう１つの方法としての担保不動産収益執行は，抵当不動産が産み出す収益（賃料など）について，その管理権を得て，その収益から優先弁済を受ける方法である。これについては，不動産の強制執行の方法の１つである「強制管理」の規定によって行われる（民執93条以下。民執188条で準用）。

6　法定地上権——不動産利用権との調整(1)

建物のための敷地利用権の確保

A所有の土地の上にC所有の建物がある場合，Cは，その敷地であるAの土地に対して，借地権（地上権か賃借権）を有しているのが通常である。その土地にAがBからの借金のために抵当権を設定し，それが実行されて，Dが買い受けたとしよう。この場合，通常（少なくとも建物の登記がされているかぎり），CはAに対する借地権をDに対して主張できる（借地借家10条）から，Cの建物の敷地利用については何ら支障は生じない。逆に，CがBからの借金のためにその建物に抵当権を設定し，それが実行されてDが買い受けたとしよう。建物についての抵当権の効力は，従たる権利である敷地利用権にも及ぶと解されているので，Cの借地権はDに移転する。このとき，土地の所有者Aとの関係でも，地上権の場合は当然に，賃借権の場合は借地借家法の所定の手続を経れば，Dは，その借地権をAに対して主張することができ（612条，借地借家20条），敷地を継続して利用することができる。

しかし，A所有の土地の上にA所有の建物があり，抵当権の実行によって土地と建物の所有権が異なる者に属する結果となった場合は，様相が異なる。この場合は，上記のように「当事者が交替しても借地権は存続する」という法的構成で説明することはできない。自己の土地に自己の借地権を設定することは，通常，その意味もないし，一般的には認められていない（例外，借地借家15条の自己借地権）。したがって，この場合は，そもそも抵当権の設定時に「借地権」が存在しえないのである。

土地と建物の双方の所有者であるAが，Bから借金をして，建物だけに抵当権を設定し，その実行によって，建物をCが買い受けたとしよう。この場合，Cには敷地利用権はないということなのか。民法は，このような場合には，Cの所有となった建物のために地上権が設定されたものとみなされると規定し（388条），これによって，Cの敷地利用権を確保している。これとは逆に，Aが，土地にだけ抵当権を設定し，その実行により土地をCが買い受けた場合も，同様である。この場合には，従来からの建物所有者Aが，新しい土地所有者Cに対して地上権を主張することができる。

　これが，法定地上権の制度である。

法定地上権の成立要件

　法定地上権の成立が認められるためには，次の(1)から(4)の4つの要件を満たすことが必要である（388条）。

　(1)　抵当権設定当時に地上建物が存在すること　　まず，抵当権設定当時に地上建物が存在することが必要である。当初に建物が存在するかぎり，その後に，その建物が改築されたり，取り壊されて再築された場合でも，法定地上権は成立することになる（判例）。

　他方，A所有の更地にBの抵当権が設定され，その後Aが地上に建物を建てた場合には，法定地上権は成立しない。この場合，Bは，更地として土地を高価に評価して，それに見合った額の貸付けをしたはずであり，更地の抵当権者Bが，設定後に生じた事情によって，地上権という負担付きの土地となることを甘受しなければならない理由はないからである。また，更地の抵当権者が抵当権設定者Aによる建物の建築をあらかじめ承認していた場合でも，それだけでは，法定地上権は成立しないと解されている（判例）。

　このように更地への抵当権設定後に建物が建築された場合，法定地上権は成立しない。しかし，建物が存在する以上，現実には，Bによる土地の競売は更地の場合よりも困難になる。そこで，この場合には，抵当権者Bは，土

地とともに設定後に建築された建物を一括して競売に付することができるとされている（389条1項本文）。これにより土地と建物（土地所有者Aが建築したものでなくてもよい）を同一人が買い受けることになるが，抵当権者Bが優先弁済を受けるのは，その両者の売却代金のうち土地の分だけからである（同項ただし書）。

(2) 抵当権設定当時に土地と建物が同一の所有者に帰属していたこと

土地と建物とが同一の所有者に帰属していなかった場合，通常は，建物のために借地権が設定されているはずであり，その対抗力の問題として処理すればよいからである。

(3) 土地と建物の一方または双方に抵当権が設定されていること　　民法では，「土地又は建物につき抵当権が設定され」と規定されている（388条）。しかし，土地と建物のいずれか一方に抵当権が設定された場合のみでなく，双方に抵当権が設定された場合でも，競売の結果，それぞれが異なる所有者に属する結果となることもあるから，その場合も法定地上権が成立するとされている（判例。なお，強制競売の場合については民執81条）。

(4) 競売によって土地と建物が異なる者に帰属するにいたること　　この競売は担保権の実行としての競売だけでなく，強制競売でもよいとされている。

法定地上権の内容および効力

上記の要件を満たせば，抵当権の実行によって，法定地上権が発生することになる。法定地上権の基本的な内容および効力は，民法の地上権に関する規定（265条以下）および借地借家法の借地権に関する規定（借地借家3条以下）によって定まる。そのほかに，通常の地上権（約定地上権）では設定行為（合意）によって定まる部分があるが，法定地上権の場合，つぎのように考えられている。法定地上権の及ぶ土地の範囲は，その建物を利用するに必要な範囲である。存続期間は，原則として，借地借家法3条による。地代は，

★ コラム㊳：こんな場合「法定地上権」は？

　法定地上権は，民法では，抵当権設定当時に土地と建物が同一の所有者に帰属することが成立要件である。これに対して，抵当権設定後に，所有者が交替した場合あるいは所有者が同一になった場合はどうかについては，判例の立場も一義的でなく学説でも議論されてきたが，おおよそ以下のように整理できる。

　①　土地に対する抵当権設定後に建物の所有者が交替した場合

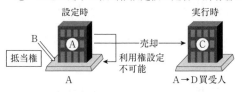

法定地上権成立
・Cの利用権の確保の必要
・Dに不測の不利益なし

　②　建物に対する抵当権設定後に土地所有者が交替した場合

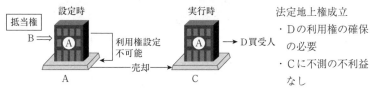

法定地上権成立
・Dの利用権の確保の必要
・Cに不測の不利益なし

　③　土地に対する抵当権設定当時は建物所有者が別人であったがその後に同一人になった場合

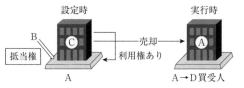

法定地上権不成立
・AはCの利用権を引き継ぐ（混同の例外(179条・520条)）

　④　建物に対する抵当権設定当時は土地の所有者が別人であったがその後に同一人になった場合

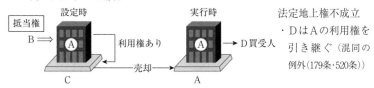

法定地上権不成立
・DはAの利用権を引き継ぐ（混同の例外(179条・520条)）

　結局のところ，地上権の成立要件としては，民法の条文の文言どおり，設定時に同一所有者であることに尽きると解される。

当事者の協議が調わないときには，当事者の請求により裁判所が定める（388条後段）。

　成立した法定地上権も第三者に対して主張するためには，対抗要件（地上権の登記または建物所有権の登記）を具備しなければならない（177条，借地借家10条）。

7　賃借建物の明渡しを猶予する制度——不動産利用権との調整(2)

抵当権の実行によって劣後する賃借権は消滅する

　抵当権が設定されているＡの建物について，Ｂの抵当権が実行されＣが買い受けたとする。その建物をＤが賃借していたとき，その賃借権はどうなるのか。Ｄの賃借権は，その登記または建物の引渡しによってＢの抵当権に対抗することができないかぎり（605条，借地借家31条），抵当権の実行によって消滅する。

賃借建物の明渡しは一定期間猶予される

　賃借権を抵当権者Ｂに対抗できない賃借人Ｄは，建物抵当権の実行により賃借権が消滅してしまうので，買受人Ｃによる明渡請求に応じなければならないことになる。Ｄは抵当権の実行により，いきなり生活や事業活動の場を失うことになるが，同様の環境や賃貸条件の賃借建物を探して移転することはそれほど簡単なことではない。そこで民法は，この場合の賃借建物の明渡しについて，Ｄのために一定の猶予を設けることで対処している（395条）。

　すなわち，競売手続の開始前から建物を使用または収益をしてきた賃借人Ｄは，競売によってＣが買い受けた時から６か月を経過するまでは建物を買受人Ｃに明け渡すことを要しない，とするものである（395条1項1号）。条文見出し上は，「引渡し」となっているが，建物賃借人を相手としたものなので，一般には，「明渡し」とよばれる。この場合，賃借人であったＤは，賃貸借は終了しているので，もはや「賃料」とはいえないが，買受人Ｃに対

して，その間の建物使用の「対価」（通常は賃料相当額）を支払わなければならず，一定の支払の催告があってもなお履行がないときには，明渡しの猶予は与えられないことになる（同条2項）。

8　賃借権に対抗力を付与する制度——不動産利用権との調整(3)

賃貸借を存続させることは抵当権者にメリットがある場合もある

　土地であれ建物であれ，抵当権の実行による買受人Cは，賃借権などの負担が付着していない土地あるいは建物として買い受け，自由に使用・収益することを望むのが通常である。しかし，これまでの賃借人Dが滞りなく相当額の賃料を支払ってきた優良な賃借人である場合，Cにとって，自分でその土地や建物を使用したり，新たな賃借人を開拓するよりは，Dとの賃貸借契約をそのまま存続させて安定的に収益をあげることにメリットがある場合も少なくない。このような場合には，より高く競売できる点で，抵当権者Bにとってもメリットとなる。

抵当権者の同意により賃借権に対抗力を付与する制度

　上記のように競売後もなお賃貸借を存続させることにメリットがある場合を考慮して，本来は抵当権に劣後する賃借権であっても，すべての抵当権者の同意によって対抗力を付与することができる制度が設けられている（387条）。これによれば，土地または建物の賃借権について，その登記がされており，優先する抵当権者のすべての同意があり，その同意の登記がされている場合には，抵当権が実行されても，賃借人は買受人に対して対抗することができ，賃貸借は存続する（同条1項）。なお，抵当権者の同意に際しては，土地または建物についての転抵当権者や被担保債権の差押債権者など不利益を受ける者がいる場合には，その者の同意をも得なければならないとされている（同条2項）。

9 抵当不動産の第三取得者

「第三取得者」とは

債権者Bのために債務者AがA所有の不動産に抵当権を設定しながら，Aがその不動産を第三者Cに売却するような場合がある（物上保証人の場合も同様）。このようにして抵当不動産の所有権を取得した者Cを，「第三取得者」という。抵当権は，抵当不動産の所有者が交替してもなおその効力を失わない（追及力）から，売却等に先立って抵当権の設定登記がされているかぎり，Bはその抵当権をCに対抗することができる（177条）。

「第三取得者」の不安定な地位

第三取得者Cは，債務者Aが債権者（抵当権者）Bに債務を弁済しないかぎり，抵当権を実行されてしまうことになる。Cは，競売に際して，自ら買受人となることはできるが（390条），そうでないかぎり，抵当権の実行により，所有権を失う。その場合，それまでに支出した必要費・有益費について優先的に償還を受けられる（391条）にとどまり，換価後に抵当権者が優先弁済を受けてなお残余額がある場合にそれを取得できるにすぎない。第三取得者の地位がこのように不安定なままであるとすると，抵当不動産を相当価額で買い取ろうとする動きは生じ難く，抵当不動産の流通は大きく妨げられることになろう。

そこで，第三取得者のために，抵当権の負担から解放される道を開いておくことが必要となる。民法は，その方法をいくつか用意している。まず，不動産の価格が抵当権の被担保債権額を上回っている場合には，第三取得者が売買代金の一部を第三者弁済（474条）にあてることによって，抵当権を消滅させることができる。他方，不動産の価格が抵当権の被担保債権額を下回っており，競売しても債権額を満足させるような価額による買受けが期待できない場合（担保割れ不動産）であり，かつ，第三取得者が所有権の取得を望ん

★ コラム(54)：地上権を買い受けた者と代価弁済

378条は，所有権を買い受けた第三者（第三取得者）だけではなく，地上権を買い受けた第三者（地上権取得者）についても，代価弁済の当事者となるとしている。では，地上権取得者による代価弁済によって消滅することになる抵当権は，土地の上の抵当権だろうか，地上権の上の抵当権だろうか。

通説は，土地の上の抵当権と考えており，「地上権を買い受けた第三者」とは，第三者が抵当土地について地上権の設定を受け，その全存続期間の地代を全額一括して前払している場合をいうとする。そして，このような場合，土地の抵当権は地上権取得者との関係でのみ消滅するにすぎず，抵当土地のその後の買受人は地上権の負担付きで土地を取得することになるとする。このような第三者の出現はあまり考えられない。

他方，地上権の上の抵当権であると考える学説もある。たとえば地上権付き建物に抵当権が設定されている場合に，当該地上権付き建物を買い受けたい者が，本文で述べたように抵当権者と交渉して，一定額の代価弁済によって建物と地上権の上の抵当権を消滅させるというような場合である。

でいる場合には，代価弁済（378条）と抵当権消滅請求（379条以下）という2つの制度を設けている。

抵当権者の請求による抵当権負担からの解放――「代価弁済」

抵当権者Ｂは，通常，最終的には，抵当権を実行して債権を回収することになる。しかし，Ｂは，第三取得者ＣがＢに一定の金額を支払うならば抵当権を消滅させてもよいと考えるときもある。そこで，民法は，Ｃが，Ｂの請求に応じてＡ・Ｃ間の売買の代価をＢに弁済したときは，抵当権が消滅するとしている（378条）。これが「代価弁済」という制度であり，抵当権者の側からする抵当権消滅の方途である。もっとも，通常は，抵当不動産が売却されることやその代価がいくらかをＢが事前に知り，代価の支払がされる前にＢへの弁済を求めることは困難である。代価弁済が機能するとすれば，ＢがＣに抵当不動産の一定代価での買受けとその代価の弁済による抵当権消滅を提案したり，逆にＣの側から同様の提案をＢにして，Ａも含めて合意がまとまったような場合に限られるだろう。

なお，第三取得者Ｃによる代価弁済があっても，債務者Ａは，その範囲で

債務を免れるに過ぎない。残余債務については，無担保債務としてなおＡの負担は残る。

第三取得者の請求による抵当権負担からの解放──「抵当権消滅請求」

　代価弁済が抵当権者の側から抵当権を消滅させる制度であるのに対して，第三取得者の側に主導権を与える制度も用意されている。すなわち，第三取得者Ｃは，抵当権者Ｂに対して，「代価」または抵当物件をみずからが評価して「特に指定した金額」を提供して，抵当権の消滅を請求することができる（379条・383条）。これが，抵当権消滅請求という制度である。

　抵当権消滅請求は，代価弁済の場合のように抵当不動産の買主にかぎらず，所有権を取得した第三者であれば，行使することができる。ただし，債務者や保証人らは，みずから債務全額を負担するのであるから，抵当権消滅請求をすることはできない（380条）。第三取得者による抵当権消滅請求は，抵当権実行としての競売による差押えの効力が発生するまでに，383条所定の手続に従って行わなければならない（382条）。

　この場合，抵当権消滅請求の書面の送付を受けた登記されたすべての債権者が，第三取得者が提供した「代価」または「特に指定した金額」を承諾して，第三取得者がその払渡しまたは供託をしたときに抵当権は消滅し（386条），第三取得者は抵当権の負担から解放される。第三取得者から提示された「代価」または「特に指定した金額」に納得しない債権者は，書面交付を受けた後2か月以内に，その対抗措置として競売の申立てをすることができる（383条3号）。この期間内に債権者が競売の申立てをしないときは，債権者は，請求を承諾したものとみなされる（384条1号）。

10　抵当権の侵害

第三者による抵当権侵害

　第三者Ｄが抵当土地に勝手に建物を建てて不法占有したり，抵当建物を損

　判例によると，抵当権者Bは抵当権設定者Aに対して，抵当不動産を適切に維持または保存するよう求める請求権があるとされている。Aが，その義務に違反して抵当建物を火災等により滅失させたとすると，まず，Aは期限の利益を失い，直ちに債務全額を弁済しなければならなくなる（137条2号）。多くの場合，むしろ，Bは，Aに対して，別の担保不動産を提供するように，あるいは保証人を追加するように求めることになるだろう。このような代担保ないし増担保義務が，金融取引ではあらかじめ特約されているのが通常である。また，代担保ないし増担保が直ちに提供されればともかく，その提供がない場合には，理論的には，Bは，Aに対して，担保喪失に基づく損害賠償を求めることができるといえるが，それは抵当権によって担保されていない請求権にすぎないから，それを認めたとしても，実質的にはあまり意味がないことになる。

　なお，抵当不動産が滅失し，Aが保険金請求権のような権利を第三者に対して取得したときには，その請求権に対する物上代位が問題となる（→4）。

傷したりした場合，抵当権者Bは，Dに対して，物権的請求権に基づいて妨害排除（明渡し）を求めたり，あるいは，不法行為を理由に損害賠償請求をしたりすることができるであろうか。抵当権は，物権であるから，妨害排除や損害賠償請求権は何ら問題なく認められるかにみえる。しかし，抵当権は，所有権の権能（206条）のうちの処分権能のみを制限する物権であり，使用・収益権能は設定者（所有者）に残っている。また，債権の担保のために設定されているので，抵当不動産の状態がどうであれ，債務が弁済されたらその役割を終え，抵当権者の損害は問題にならない。このように，第三者による抵当権の侵害の問題については，抵当権の固有の性質を踏まえて考えなければならない，という難しさがある。

抵当不動産の不法占有者に対する妨害排除請求

　債権者Bが債務者A所有の土地に抵当権の設定を受けたが，その土地に第三者Dが勝手に建物を建てて不法占有しているとする。抵当権は，たしかに，抵当不動産の使用・収益という現実的な支配に関与するものではなく，それが実行されれば，不法占有者がいても抵当不動産を競落した買受人Cは，執行裁判所にその不法占有者に対する引渡命令を申し立てることができる（民

執83条)。そのかぎりでは，この場合，抵当権に対する侵害を論じる余地が
ないようにみえる。しかし，実際は，不法占有者が存在することだけでその
不動産の競売価格を引き下げることになり，抵当権の債権回収の満足を妨げ
る結果となることが少なくない。

　そこで，第三者Ｄが抵当不動産を不法占有することにより，競売手続の進
行が害され適正な価格で競売できないおそれがあるなど，抵当権による交換
価値の実現が妨げられるような状況にあるときには，これを抵当権の侵害に
あたるとする理解が，一般的である。そして，判例も，最初は，債権者代位
権の規定（423条）の仕組みを用いて，Ｂは，抵当権設定者（所有者）Ａの所
有権に基づくＤに対する妨害排除請求権を代位行使できるとし，その後，さ
らに，抵当権そのものに基づく妨害排除請求をも認めるに至っている（→
ケースのなかで12）。なお，民事執行法でも，数次の改正により，そのような
妨害的な不法占有に対する措置が強化され，競売開始前や売却のための保全
処分および買受人のための保全処分等の規定が設けられている（民執55条・
77条等）。

> ### ケースのなかで 12　抵当権者は競売手続妨害目的での占有者に対して抵当権
> に基づく妨害排除請求ができる
>
> 　ＸはＡとの間でＡ所有の甲土地上に乙建物（ホテル）を建築する請負契約を締
> 結し，建物を完成させたが，Ａが請負代金の大部分を支払わなかったので，請負
> 残代金債権の担保として甲土地と乙建物に抵当権を設定し，乙建物を他に賃貸す
> るときはＸの承認を得ることを合意したうえで，Ａに乙建物を引き渡した。とこ
> ろが，Ａは残代金をいっさい支払わないだけではなく，乙建物は，Ｘの承諾なし
> に，ＡからＢに適正賃料をかなり下回る賃料で賃貸され，さらに，ＢからＹに転
> 貸され，引き渡された。Ａはその後事実上倒産し，Ｘは甲乙不動産上の抵当権の
> 実行としての競売を申し立てたが，買受人は現れなかった。そこで，ＸはＹに対
> し，乙建物の明渡しを請求した。
>
> 　裁判所は，所有者以外の第三者が抵当不動産を不法占有することにより，抵当

不動産の交換価値の実現が妨げられ、抵当権者の優先弁済請求権の行使が困難となるような状態があるときは、抵当権者は、占有者に対し、抵当権に基づく妨害排除請求として、このような状態の排除を求めることができ、この点は、抵当権設定登記後に抵当不動産の所有者から占有権原(けんげん)の設定を受けて占有する者についても、その占有権原の設定に抵当権の実行としての競売手続を妨害する目的が認められ、その占有により抵当不動産の交換価値の実現が妨げられて抵当権者の優先弁済請求権の行使が困難となるような状態があるときは、同様であるとした。

《抵当権、妨害排除請求、不法占有、競売手続妨害目的の占有、抵当権者への明渡し……最判平17年3月10日》

第三者による抵当権侵害に対する損害賠償請求

債権者Bは債務者A所有の建物に抵当権の設定を受けたが、近隣で工事をしていた第三者Dが大型の作業用機械をその建物に誤って衝突させ、半壊させてしまったとする。この場合、もちろんAはDに対して所有権侵害に基づく損害賠償請求ができるが、それとならんで、BもDに対して抵当権侵害を理由に損害賠償請求ができるのか、という問題がある。

両者の損害賠償請求権は併存するとして、抵当権者Bは、第三者Dの行為によって債権の回収ができなかった額についてのみDに損害賠償請求ができる、とする立場もある。これに対して、所有者AのみがDに対する損害賠償請求権を有し、Bは、Aの損害賠償請求権のうえに物上代位権(304条。372条で準用)を取得するにとどまると解する立場があり、こちらが一般的である。これによると、Bは、DがAに支払う前にAのDに対する損害賠償請求権を差し押さえて、Dからその支払を受けて抵当目的物の価値の減少を回復することになる(→4)。

第4節　抵当権の処分

抵当権の処分とは

　所有権についていえば，たとえば，土地を売却することで権利を買主に移転する，すなわち，権利を譲渡という形で「処分する」ということは，容易に理解できる。あるいは，土地に地上権や抵当権が設定されるような場合も，所有権の権能の一部を設定という形で「処分する」というとらえ方をすることも理解できるだろう。しかし，所有権の上に設定されている「抵当権を処分する」というのは，一体どういうことなのか。

　抵当権について，債権回収という権利実現のプロセス，すなわち抵当権の作用の側面ではなく，抵当権がどのような結果をもたらす権利なのかという，抵当権のもつ利益の側面に着目すると，抵当権は，抵当不動産から優先弁済を受けることができる財産権であることが浮き出てくる。そのような財産的な価値をもつ権利であるという点からは，抵当権についても，権利の取得を望む者もあれば，条件によっては権利を手放す者もいるというわけである。

　たとえば，債権者BはAに対する600万円の貸金債権を担保するために，A所有の建物（1200万円相当）に抵当権の設定を受けていたとする。ところが，債務者AがさらにCからの1000万円の融資を受けることが必要となったが，その融資については，CがAに対して物的担保の提供を強く求めてきているとする。このような場合，Aは，やむなく，Bの貸金債権には別に信用ある連帯保証人を複数つけることなどの手を打ったうえでBの抵当権を抜いてもらうというような展開になることがある。このような場合に，抵当権者Bと新たな債権者Cとの間の合意でBの抵当権をCの債権に供するためにCに譲渡するという抵当権の処分が行われるのである。

★ コラム㊻：抵当権の処分いろいろ

　Aが第1順位の抵当権者でその被担保債権額が900万円，Bが第2順位の抵当権者でその被担保債権額が500万円，Cが第3順位の抵当権者でその被担保債権額が1800万円，Dが900万円の一般債権者であるとし，抵当不動産の売却代金から諸費用等を控除した配当原資が2000万円であるとする。その場合に，各種の抵当権の処分が行われたときの各債権者の配当額は，下記の表のようになる。

債権者	A	B	C	D
抵当権の順位	第1	第2	第3	なし
債権額	900	500	1800	900

	配当原資2000万円の配当額				特徴
抵当権の処分なし	900	500	600	0	
AからDへの抵当権の譲渡	0	500	600	900	譲渡する抵当権者の優先弁済枠の移転
AからDへの抵当権の放棄	450	500	600	450	放棄する抵当権者の優先弁済枠の準共有
AからCへの順位の譲渡	0	500	1500	0	順位を譲渡する抵当権者の優先弁済枠の移転
AからCへの順位の放棄	500	500	1000	0	順位を放棄する抵当権者と放棄を受ける抵当権者の優先弁済枠の準共有
Cを第1順位，Aを第2順位，Bを第3順位とする変更	200	0	1800	0	ABC三者間の合意
Cを第1順位，Aを第3順位とする順位の変更	0	200	1800	0	ABC三者間の合意
AからCへの順位の譲渡およびCからAへの順位の譲渡	600	500	900	0	2つの順位の譲渡の当事者であるAC間の合意

　抵当権の処分とは，このように優先弁済権としての抵当権の取引あるいはその取引の方法の問題である。

抵当権の処分のいくつかの類型

　抵当権の処分の類型としては，まず，抵当権者が，同一の債務者に対する

他の一般債権者のためにする「抵当権の譲渡」,「抵当権の放棄」がある。つぎに,抵当権者相互間でされる「順位の譲渡」,「順位の放棄」,「順位の変更」がある。抵当権の譲渡・放棄は,抵当権者から一般債権者への優先弁済枠の融通であり,また,抵当権の順位の譲渡・放棄は,抵当権者相互間での優先弁済枠の融通である(376条)。順位の変更は,順位の譲渡や放棄の組み合わせによるより簡易な手続で同じことを可能とするものである(それぞれの比較については→161頁のコラム㊱)。通常,不動産物権変動の登記は対抗要件であるにすぎないが(177条),抵当権の順位の変更の場合は,登記をしなければ効力を生じないという効力要件となっている(374条2項)点に特徴がある。

さらに,抵当権者がその抵当権それ自体を他の債権の担保に入れる「転抵当」という類型がある。

抵当権の処分には,このようにいくつかの方法ないし類型があるが,いずれも,それほど頻繁に用いられるわけではない。とくに,1971年の民法改正で抵当権の「順位の変更」(374条)の規定が置かれてからは,抵当権ないしその順位の「譲渡」や「放棄」という方法はあまり利用されなくなっている。

転抵当——抵当権を担保にお金を借りる

抵当権を他の債権の担保とする。これが「転抵当」といわれる制度ないし法技術である。民法は,抵当権の処分の類型の1つとして,抵当権者が,その抵当権を他の債権の担保とすることを認めている(376条)。たとえば,BがAに800万円を貸し付けAの不動産に抵当権の設定を受けているとする。ここで,B(Aではなく)に資金調達の必要が生じたような場合,Bは,土地や建物という不動産ではなく,この抵当権を担保にしてCから500万円借り受けることができる。このようなCを転抵当権者,Bを原抵当権者とよび,CはBの被担保債権額(800万円)の範囲内で,A所有の抵当不動産から優先的に弁済を受けることができる。

本書では，転抵当は抵当権を担保にしているとの立場で説明しているが，そもそも何が担保となっているのか，抵当権なのか，抵当権とその被担保債権なのか，それとも抵当目的物なのかという法的構成についての大議論がある。さらに，被担保債権の債権額や弁済期，原抵当権者の処分行為等の制約，競売などの問題点が指摘されてきた。このように議論は盛んであるが，実際には，「転抵当」は，「転質」（348条）の場合と同様に，特定の金融業者が資金調達を行う際に機能することはあるとしても，一般的にはそれほどひろく利用されてはいない。

第5節　抵当権の消滅

1　抵当権の消滅原因

被担保債権の弁済などによって消滅する

　抵当権によって担保されていた債権が全額弁済されるなどして消滅すれば，他の担保物権の場合と同様に，抵当権もその目的を失い消滅する（付従性）。かりに抵当権の設定登記がそのまま残っていても，抵当権はもはや存在しない。また，すでに学んだように，抵当権は，代価弁済（378条）や抵当権消滅請求（379条以下）などの手続を経れば，消滅することになる。

抵当目的物の滅失などによって消滅する

　抵当権設定者A所有の抵当建物が地震で全壊するなどして目的物が滅失した場合は，抵当権者Bの抵当権も消滅する。滅失の原因や設定契約の内容によっては，Aは代担保を提供しなければならない場合もあるが，物権としてのBの抵当権は滅失によって消滅する。相続などで抵当権者Bがその建物の

所有権の全部を取得した場合なども，物権の消滅に関する一般的な規定（この場合は混同に関する179条）によっても消滅することになる。なお，抵当目的物が滅失しても，それによりAの保険金請求権が保険者Cに対して発生する場合，あるいは第三者Cの加害行為に起因するものでそれに対してAの損害賠償請求権が発生する場合などには，Bは，AのCに対するこれらの権利について物上代位できるので，そのかぎりでは抵当権の効力はなお存続していることになる（→第3節4）。

用益物権が抵当権の目的となっている場合にそれが放棄されたら

地上権のような用益物権が抵当権の目的となっている場合，たとえば，Aの所有する建物とともにその敷地の地上権に抵当権が設定されているような場合，その後にAが地上権を放棄したとしても，この放棄は抵当権者Bに対しては対抗できない（398条）。したがって，Bは，抵当建物を地上権付きの物件として競売に付すことができ，建物の買受人Cは，地上権も取得できる。

この規定は，地上権にかぎらず，土地賃借権をも含む借地借家法上の借地権についても適用されると解されており，建物の抵当権設定者が，借地権を放棄したり，借地契約を合意解約したような場合，その放棄や合意解約は抵当権者（および競売の買受人）に対抗できないことになる。

2　時効制度と抵当権の消滅

抵当権は時効によって消滅するか？

抵当権は，前述のように，被担保債権が消滅すれば消滅するから，設定者は，被担保債権が時効にかかれば，当然その時効消滅を主張することができる（145条）。

それでは，抵当権が，被担保債権の存続と切り離されて時効によって消滅することがあるのだろうか。抵当権そのものの時効消滅については，民法総則の規定によると，抵当権は「債権又は所有権以外の財産権」であるので，

設定後20年で時効によって消滅する（166条2項）ことになってしまう。とすると，時効の完成猶予や更新があってなお被担保債権が存続しているのにそれを担保する抵当権が先に消滅してしまうということが起こる可能性があるが，それでよいのだろうか。

　そこで，民法は，「抵当権は，債務者及び抵当権設定者に対しては，その担保する債権と同時でなければ，時効によって消滅しない」とする規定をおいて（396条），抵当権の時効による消滅の主張を制限しているのである。

　なお，これは，「債務者及び抵当権設定者」についての規定であり，後に抵当不動産を買い受けた第三取得者などには適用がなく，被担保債権が存続していても，第三取得者は原則どおり20年の時効による消滅を主張できる，と解されている。

第三者が抵当不動産を時効取得したとき，抵当権は消滅する

　民法は，抵当不動産について時効取得の要件（162条以下）を具備した第三者が現れてその主張をした場合，抵当権は消滅すると規定している（397条）。第三者の時効取得があれば，所有者であってもその権利を失う結果となるのだから，同様に，抵当権も消滅することになる。しかし，たとえば，第三者所有の不動産が抵当目的物となっているような場合（物上保証）に，債務者が時効取得の要件を具備したからといって，抵当権が消滅するとするのは不当であろう。したがって，397条は，「債務者又は抵当権設定者でない者」すなわち第三者が時効取得した場合に限定している。

第7章 共同抵当権と根抵当権

　前章では抵当権の基本的な仕組みを学んだが，本章では，これを基礎とした民法上の特殊な抵当権である共同抵当権と根抵当権について学ぶ。こうした特殊な抵当権と対比して，基本的な抵当権のことを普通抵当権とよぶ。

　共同抵当権とは，抵当目的不動産が複数ある場合をいう。本章では，共同抵当権が必要な理由，後順位担保権者の保護のために特別な取扱いが必要になる理由，民法が用意している特別な規定はどういう仕組みで後順位担保権者を保護しているのか，これらの特別規定が当てはまるのはどういう場合かなどを学習する。

　根抵当権とは，設定時点では優先弁済権を主張できる上限金額（極度額という）のみを定め，実際に担保される被担保債権が特定していない抵当権をいう。商取引では，普通抵当権よりもよく使われている。本章では，根抵当権が必要な理由，被担保債権の種類に一定の限定が必要とされている理由，根抵当権と普通抵当権の違いなどを学ぶ。

第1節　共同抵当権

1　共同抵当権はなぜ必要なのか？

　たとえば，ある人が4000万円の土地と2000万円の建物の2つの不動産を所有している場合，それぞれの不動産に単独で抵当権を設定して2口の融資を受けるよりは，まとめて1口にする方が，借りる方も貸す方も便利である。共同抵当権は，まず，このように，複数の担保目的不動産の価値を集積する点で役に立つ。

　共同抵当権は，さらに，抵当権者にとって，債権が回収できない危険を分散できるという利点をもつ。上の例で，抵当権者が融資した被担保債権額が2000万円だとして，抵当権者は，土地・建物のどちらの抵当権を実行しても全額について優先弁済が受けられるから（抵当権の不可分性。296条。372条で準用），かりに建物がつぶれて物上代位もできない状態になっても，土地の競売代金で被担保債権をすべて回収できるのである。

　日本の法制度では，土地とその土地上の建物は別個の不動産であるが，両方とも同一人の所有物であれば，まとめて売った方が高く売れるし，法定地上権などの複雑な法律問題も生じない。そこで，共同抵当権は，土地とその地上の建物をまとめて扱うためにも用いられる。

　共同抵当権であることは，共同担保目録で公示される（不登83条1項4号）。

2　後順位担保権者の利益の保護が必要

　たとえば，Aが時価4000万円の甲土地と2000万円の乙土地の2つに第1順位の共同抵当権を設定してBから3000万円を借り，甲土地には第2順位の抵

図7-1 共同抵当権の目的不動産を共に債務者が所有する場合

図7-1 共同抵当権の目的不動産を共に債務者が所有する場合

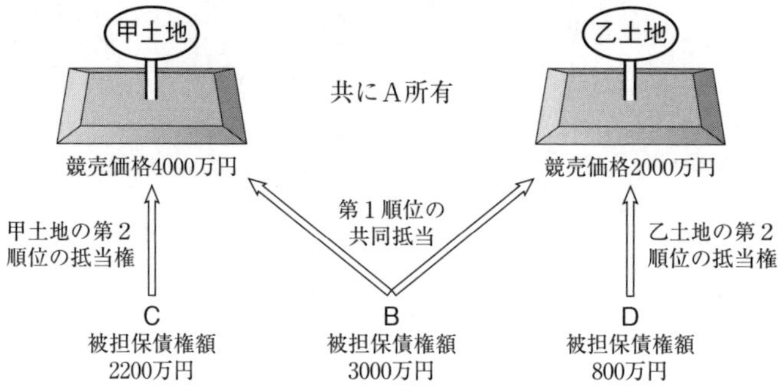

当権を設定してCから2200万円を，乙土地には同様に第2順位の抵当権を設定して，Dから800万円を借りたとしよう（→**図7-1**）。

　第1順位の抵当権者Bは，共同抵当目的不動産のいずれを先に競売してもよいし，いずれの競売代金からも，その時点の被担保債権全額につき優先弁済を受ける権利を有する。その結果，たまたま先に一方の不動産について抵当権が実行された場合（異時配当という），後順位の抵当権者は，十分な配当が得られなくなる（170頁の**表7-1**の異時配当の欄の左側のC・Dの配当額*をみよ）。後順位抵当権者が確実に配当を得られないようだと，抵当権設定者はいったん共同抵当権を設定してしまうと後順位抵当権を設定して他から融資を受ける途がせばまってしまう。

3　392条の用意する解決方法としての負担割付と代位

負担は競売価額に応じて割り当てられる

　共同抵当目的不動産がいずれも債務者Aの所有である場合には，両方の先順位抵当権が同時に実行されたとすると（同時配当という），各不動産の競売代金は，その価額に応じて第1順位の抵当権者Bへの配当に割り当てられる。これにより，後順位抵当権者CやDは，Bが配当を受けた残りの額の配当を保障される（392条1項）。これを負担割付主義という。**表7-1**の同時配当の欄の第1順位の配当**はそれを示している。

表7-1　図7-1の場合の配当結果

	同時配当		異時配当1 （甲競売先行）		異時配当2 （乙競売先行）	
	甲土地	乙土地	甲土地	乙土地	乙土地	甲土地
第1順位の配当	B 2000万円**	B 1000万円**	B 3000万円	C 1000万円***	B 2000万円	B 1000万円 D 800万円****
第2順位の配当	C 2000万円	D 800万円	C 1000万円*	D 800万円	D 無配当*	C 2200万円
備考		他に差押債権者等がなければ，200万円はAに交付		Cの代位は392条2項による		Dの代位は392条2項による

同時配当の場合の配当額が異時配当でも最低限保障される

次に，異時配当の場合も，偶然に共同抵当目的不動産のいずれが先に競売されたかで結果が異なるのは公平でない。そこで，先に競売された不動産の後順位抵当権者は，後の競売手続において，392条2項によって，Bに代位して，後に競売された不動産の後順位抵当権者よりも優先して配当を受けることができる。もっとも，代位できるのは，同時配当の場合に第1順位の抵当権者に配当される額が上限であり（**表7-1の異時配当1のCの額***），かつ，後順位抵当権者は被担保債権額以上の代位はできない（**表7-1の異時配当2のDの額****）。

なお，先に抵当権が実行された不動産上の後順位抵当権者が392条2項に基づいて代位するためには，先順位抵当権者Bの抵当権の登記のところに，代位をする旨を記録することが必要である（393条。付記登記という登記）。

また，判例によると，392条は，共同抵当権の目的不動産が同一の物上保証人の所有に属する場合にも適用される。

4　共同抵当権の目的不動産の一部が物上保証人に属する場合は392条は適用されない

債務者所有の抵当目的不動産がまず先に責任を負担する

共同抵当目的不動産のうち，甲土地が物上保証人Eの所有，乙土地が債務

図7-2　共同抵当権の目的不動産の一部が物上保証人に属する場合

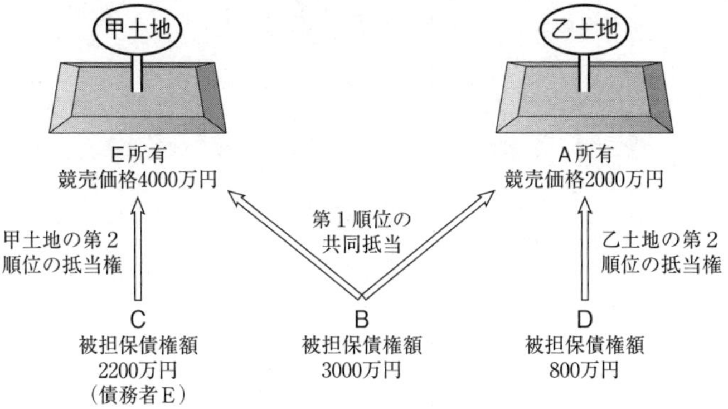

甲土地
E所有
競売価格4000万円

乙土地
A所有
競売価格2000万円

第1順位の
共同抵当

甲土地の第2
順位の抵当権

乙土地の第2
順位の抵当権

C
被担保債権額
2200万円
（債務者E）

B
被担保債権額
3000万円

D
被担保債権額
800万円

者Aの所有である場合（→**図7-2**），この共同抵当の負担を最終的に負うの
はA所有の乙土地である。それゆえ，同時配当の場合，392条の負担割付主
義は適用されず，まずA所有の乙土地の売却代金から配当が行われ，E所有
の乙土地はそのつぎに責任を負うにすぎない（172頁の**表7-2**の同時配当の欄
のBの配当額*を参照）。

　A所有の乙土地が最終的に負担を負うことから，先にA所有の乙土地が競
売される異時競売の場合にも，AがEに負担を分担するよう求めることはで
きない。したがって，AがE所有の甲土地の競売においてBに代位すること
はない（**表7-2**の異時配当2の欄**）。

物上保証人は499条・501条により代位できる

　逆に，物上保証人Eは，自己所有の甲土地が先に競売された場合には，A
に対する求償権を取得し，499条・501条によってA所有の乙土地につき，失
った甲土地の競売価額のうちBが配当を受けた3000万円について，抵当権者
Bに代位でき，Bの抵当権を行使できる。この代位は，A所有の乙土地上の
後順位抵当権者Dより優先する（**表7-2**の異時配当1の欄***）。

物上保証人所有不動産上の後順位抵当権者は物上代位の法理で保護される

　甲土地に，物上保証人Eが自らの債務の担保として後順位の抵当権を設定
している場合，その抵当権者Cは，甲土地が先に競売されると，Bに優先さ

表7-2　図7-2の場合の配当結果

	同時配当		異時配当1 （甲競売先行）		異時配当2 （乙競売先行）	
	甲土地	乙土地	甲土地	乙土地	乙土地	甲土地
第1順位の配当	B 1000万円*	B 2000万円*	B 3000万円	C 1200万円 E 800万円***	B 2000万円	B 1000万円**
第2順位の配当	C 2200万円	D 無配当	C 1000万円****	D 無配当	D 無配当	C 2200万円
備　考	他に差押債権者等がなければ，800万円はEに交付			Eの代位は499条。Cの代位はEの代位分への物上代位		他に差押債権者等がなければ，800万円はEに交付

れて，同時配当の場合の配当額に満たない額しか受け取れない（**表7-2**の異時配当1の場合における甲土地の第2順位の配当欄****をみよ）。

　しかし，この場合も，同時配当の場合の配当額を保障する必要がある。かといって，この場合には392条1項が適用されないため，同条2項で代位することはできない。そこで，判例は，Cは，Eが代位により取得する抵当権の上に，あたかも物上代位をしたと同様の権利を有する，とした。その結果，Cは，甲土地の競売で配当を受けられなかった差額（設例では，2200万円－1000万円）を，EやDより優先して回収できることになる（**表7-2**の異時配当1の場合における乙土地の第1順位の配当欄***をみよ）。

第2節　根抵当権

1　根抵当権はなぜ必要なのか？

　継続的な商取引の当事者の間では，個々の取引ごとに新しく債権が発生し，弁済により順次消滅していく。ある時点では，全部弁済されて，当事者間に債権がないこともある。これらの債権につき普通抵当権を設定しようとする

と，被担保債権の発生ごとに抵当権の設定や変更の登記をしなければならず，手間も費用もかかる。被担保債権がすべて消滅すれば，抵当権は付従性によって消滅し，残った登記をその後に発生した債権の担保に流用することには，問題が生じる。

　そこで，設定時の付従性を緩和し，不特定の債権をまとめて担保する根抵当権が実務によって考案され，慣習法上の担保物権として判例にも認められてきた。1971年には，民法改正により規定が追加された（398条の2以下）。

2　優先弁済権の範囲はどのように定まるか？

　被担保債権が不特定であることから，優先弁済権の範囲は，普通抵当権のように被担保債権額では定まらない。優先弁済権の範囲は，根抵当権では，極度額と被担保債権の種類によって定まる。

優先弁済権の認められる最大限度枠が極度額

　根抵当権では，優先弁済権が認められる最大限度枠としての極度額を約定によって定め，登記しなければならない（398条の2第1項，不登88条2項1号）。逆に，極度額の範囲内であれば，普通抵当権のように利息や損害金も2年分（375条参照）には限定されない（398条の3第1項）。判例は，さらに，競売で

配当にあずかりうる他の債権者が存在しなくても，極度額を超える部分は弁済受領できないとし，極度額を換価権能の限界とも理解している。これに対しては，極度額制度は，あくまで第三者保護を目的としているとして，被担保債権全額の弁済受領を認める考え方もある。

被担保債権の種類も4つに限定される

被担保債権は，不特定でよいが，①継続的な売買契約など債務者との特定の継続的取引契約から生じる債権（398条の2第2項），②銀行取引など複数種類の取引をまとめて「一定の種類の取引」とみることができる場合に，それから生じる債権（同前），③継続的な不法行為など契約以外の特定の原因に基づいて継続的に生じる債権（同条3項），④手形，小切手上の債権または電子記録債権（同前）のいずれかの種類に属しなければならない。

極度額が決まっていれば，一見，後順位担保権者や一般債権者には迷惑がかからないようにも思える。しかし，被担保債権の種類に限定がない包括根抵当権を認めると，設定者が無資力状態にある場合，被担保債権の額が小さく極度額までまだ余裕がある根抵当権者は，設定者が振り出した紙くず同然の手形・小切手や，設定者に対する不良債権を安く買い受け，額面通り回収することができることになり，後順位担保権者や一般債権者がその犠牲になる。こうした不公正な行為を防止するため，包括根抵当権は認められず，手形・小切手上の債権および電子記録債権は，倒産手続開始前に取得したものか，手続開始後であれば債務者の支払の停止や倒産等の事情を知らずに取得したものに限って担保される（398条の3第2項）。

3　根抵当権の元本の確定

根抵当権を実行するには元本の確定が必要である

根抵当権を実行するためには，設定時には不特定だった被担保債権を特定しなければならない。このように実行時に担保される債権を具体化すること

表7-3　根抵当権の元本の確定事由

類型	確定事由	適用条文	備　　　考
(a)合意	合意された確定期日の到来	398条の6	①合意から5年以内（設定者の元本確定請求権を保障するため） ②当事者だけで期日の変更・更新可能 ③登記が効力発生要件
(b)確定請求	設定者からの確定請求	398条の191項	①設定から3年以上の経過が要件 ②請求から2週間の経過で確定
(b)確定請求	根抵当権者からの確定請求	398条の192項	①いつでも確定請求ができる ②請求時に直ちに確定
(c)根抵当権の実行	根抵当権の実行の申立て	398条の201項1号	競売手続や担保不動産収益執行の開始，物上代位の差押えが要件
(c)根抵当権の実行	滞納処分による差押え	同2号	国または地方公共団体が根抵当権者である場合
(c)根抵当権の実行	他の債権者による競売手続・滞納処分の開始	同3号	①手続開始を知って2週間を経過して初めて確定 ②他の債権者による強制管理・収益執行や物上代位手続が開始しても確定しない
(c)根抵当権の実行	債務者または設定者の破産宣告	同4号	会社更生・民事再生については，(d)の末尾欄を参照
(d)その他	根抵当権者や債務者の相続	398条の84項	相続開始後6か月以内に，相続開始後に発生する一定の債権について担保する旨の合意をして登記しなければ，相続開始時に確定
(d)その他	根抵当権者や債務者の合併・分割	398条の93項〜5項398条の103項	債務者が根抵当権設定者以外である場合，5項の期間内に確定請求すれば，合併・分割時に確定
(d)その他	純粋共同根抵当の1つについての元本の確定	398条の172項	残りの不動産の純粋共同根抵当権の元本も確定
(d)その他	担保権消滅請求	民再148条6項・7項会更104条7項・8項	①消滅許可決定の送達時から2週間の経過で確定 ②申立ての取下げや許可取消しの場合には確定しない

を根抵当権の元本の確定という。

　元本を確定する事由は，**表7-3**のように多数存在するが，これをグループ化すれば，次のように整理できる。

　(a)　合意された確定期日の到来（398条の6）

　(b)　抵当権設定契約の当事者からの確定請求（398条の19）

　(c)　根抵当権の実行（398条の20第1項）

　(d)　その他

(b)の確定請求は，確定期日の合意がない場合にのみ可能である（398条の19

第3項)。これに対し，確定期日の合意があっても，根抵当権の実行は妨げられないので，(c)の確定事由が生じれば，合意された確定期日前でも元本は確定する。(c)には，根抵当権者が自ら権利の実行に着手した場合（398条の20第1項1号・2号）のみならず，他の債権者の申立てによって，競売や破産が開始し，自らは申立てをしていなかった根抵当権者の根抵当権も実行されざるをえなくなる場合を含む（同項3号・4号）。後者では，競売や破産手続の効力が消滅すれば，確定を前提に新たに利害関係をもつに至った第三者が登場しないかぎり，元本は確定しなかったものと扱われる（同条2項）。救済融資により他人の開始した差押え等の手続を取り下げさせて，根抵当権の実行を回避することが可能なのである。

元本が確定した根抵当権には普通抵当権と同じように付従性がある

元本が確定すると，以後，根抵当権は，確定した元本債権のみを被担保債権とし，その後に発生する債権は担保されない。また，普通抵当権と同じように，確定した元本債権に付従することになるので，その債権が弁済や消滅時効等によって消滅すれば，根抵当権も消滅する。被担保債権が譲渡されれば，根抵当権も随伴する。処分についても，普通抵当権と同じ374条・376条による（398条の11第1項）。

根抵当権に特有の性質も若干残る

元本が確定した根抵当権は普通抵当権に近づくものの，根抵当権に特有の性質が残り，普通抵当権とは異なるつぎのような扱いを受ける。

(1) 担保される被担保債権の範囲　普通抵当権のような最後の2年分という制約（375条）を受けず，極度額の範囲であれば，利息等や債務不履行による損害賠償金など全額が担保される（398条の3第1項）。

(2) 根抵当権設定者の極度額減額請求権　根抵当権設定者は，確定時の元本債務額に，利息等や債務不履行による損害賠償金を以後2年分加えた額

（375条参照）にまで，極度額を減じるよう請求することができる（398条の21第1項）。根抵当権の元本が確定しても直ちに実行されない場合には，極度額を減らして，不動産所有者は，後順位の抵当権を設定して借り入れられる額を増やすことができ，より有効にその不動産の担保価値を利用することができるようになる。

（3）根抵当権消滅請求権　確定時の元本債権額が根抵当権の極度額を超える場合（いわゆる担保割れ状態），物上保証人，根抵当不動産の第三取得者や後順位の用益権者（地上権者・永小作権者・賃借権者）は，その極度額に相当する金額を払い渡すか供託して，その根抵当権の消滅請求をすることができる（398条の22第1項）。その払渡しまたは供託は，弁済の効力を有するので，これにより根抵当権は消滅する。これは，担保割れ不動産につき，物上保証人等の責任を極度額に制限するものであり，全額弁済責任を負う債務者自身や保証人は，抵当権の不可分性との関係でも，消滅請求を行うことができない。

4　元本確定前の変動

元本確定前の当事者の変更

元本確定前は，根抵当権は被担保債権に対する付従性を有しないので，債権譲渡・債務引受け・第三者弁済による弁済者代位・更改等によって，個々の債権について債権者もしくは債務者が変更しても，根抵当権は随伴しない（398条の7）。

これに対して，債務者を変更して新債務者の（以後発生する）債務を担保するようにすることは，関係当事者だけで可能であるが，元本確定前に登記をしないと効力がない（398条の4）。債権者を変更して新債権者の（以後発生する）債権を担保するようにするのは，後述する譲渡の手続による。

根抵当権者または債務者が死亡して相続が開始した場合には（物上保証人の死亡は無影響），相続開始時に存在する債権だけが担保されるのが原則であ

る。個人的な信用関係を基礎とするからである。相続開始後6か月以内に，根抵当権者（の相続人）と根抵当権設定者が，相続開始後の債権・債務をも担保すると合意し，登記を行わないと，相続開始時に存在する債権だけを担保するものとして元本が確定する（398条の8）。

　これに対して，根抵当権者または債務者が法人で合併が生じた場合には（物上保証人の合併は無影響），逆に，原則として合併後の法人の債権・債務も根抵当権によって担保される（398条の9第1項・第2項）。根抵当権設定者が合併した債務者以外であるときには，合併を知った2週間以内か合併後の1か月以内のいずれか早い時期に，元本の確定を請求でき，請求があると合併時に存在した元本に確定する（同条3項〜5項）。根抵当権者または債務者が会社で分割される場合についても，同様の規律がされている（398条の10）。

根抵当権の内容の変更

　根抵当権の被担保債権の範囲の変更は，根抵当権者と根抵当権設定者（もしくは第三取得者）のみの合意で可能であるが，元本確定前の登記をしないと変更の効力が生じない（398条の4）。

　極度額の変更には，利害関係人の承諾を要する（398条の5）。利害関係人とは，極度額の増減によって配当額等が減る者を指し，増額の場合は，後順位担保権者や第三取得者・差押債権者であり，減額の場合は，転抵当権者である。極度額の変更も登記を要するが，元本確定後も極度額の変更が可能であることから，元本確定前の登記は要求されない。

　元本確定期日の変更は，確定前であれば，5年以内の範囲で，根抵当権者と根抵当権設定者の合意のみで変更できるが，元の確定期日前に登記をしなければ変更の効力が生じない（398条の6）。

　根抵当権の上には，転抵当権を設定することができる（398条の11第1項ただし書）。元本確定前の根抵当権の場合には，被担保債権が弁済されても根抵当権は消滅しないので，転抵当権に影響を与えない。したがって，債務者

等への転抵当権設定の通知や債務者からの承諾は不要で，原根抵当権の被担保債権の弁済について，転抵当権者の承諾も要しない（398条の11第2項）。

確定前の根抵当権については，普通抵当権のように，根抵当権の放棄・順位の放棄・順位の譲渡（376条1項）という処分を行うことはできない（398条の11第1項本文）。それに代わって，180頁の**表7-4**の全部譲渡・分割譲渡・一部譲渡という根抵当権の処分が認められている。これらの場合の登記は，対抗要件であると解されている。さらに，順位の変更（374条）は，元本確定前後を通じて可能とされている。

5 共同根抵当権

甲土地（時価4000万円）と乙建物（時価2000万円）に共同根抵当権を設定する場合，民法は，根抵当権者の合理的意思を推定し，原則として，各不動産から，それぞれの極度額に至るまで優先権を行使できるものとする（398条の18）。これを累積共同根抵当権とよぶ。この例で極度額がいずれも2000万円だとすると，根抵当権者は，合計4000万円を最大限とする優先弁済を受けられるのである。

これに対して，両者の根抵当権が被担保債権の範囲や極度額を共通にする共同担保であるとの登記（不登83条1項4号）を行った場合には，その極度額の範囲（たとえば上の例の2000万円の極度額とすれば2000万円）でのみ優先弁済権がある。このような根抵当権を純粋共同根抵当権とよぶ。

累積共同根抵当権の場合には，普通抵当のように割付は行われないので，後順位担保権者が392条の代位を行うこともできない。各根抵当権は，独立しており，それぞれの不動産に別の被担保債権の範囲や極度額を定めたり，変更したり，各根抵当権を独立して処分することができる。一方に元本確定事由が生じても他方に影響しない。

これに対して，純粋共同根抵当権の場合には，392条が適用される（398条の16）。各根抵当権は，いわば運命共同体であり，被担保債権の範囲や極度

表 7－4　根抵当権の処分

	適用条文	要　　件	効　　果
全部譲渡	398条の12 1項	譲渡契約＋設定者（または第三取得者）の承諾	譲受人の債権のみが担保される
分割譲渡	398条の12 2項・3項	①根抵当権の極度額の分割 ②譲渡契約＋設定者（または第三取得者）の承諾 ③転抵当権者の承諾	譲渡した根抵当権は譲受人の債権を担保，残った根抵当権は譲渡人の債権を担保 両根抵当権は同順位
一部譲渡	398条の13 398条の14	譲渡契約＋設定者（または第三取得者）の承諾	譲渡人と譲受人が根抵当権を準共有し，確定時の元本債権額の割合で配当を受ける 異なる優先弁済割合を定めうるが，確定前の登記が必要

額は同一でなければならず，これらの変更や根抵当権の処分もすべての不動産について登記をしなければ効力を生じない。一方の根抵当権につき元本確定事由が生じれば，他方も確定する（398条の17）。元本確定後の極度額減額請求や根抵当権消滅請求は，1つの不動産について行えば足りる（398条の21第2項・398条の22第2項）。

第8章　不動産譲渡担保

　担保物権も物権である。物権は債権に比べて強い力をもっているから，民法に規定されたものだけが認められるとする原則（物権法定主義〔175条〕→3頁）が存在する。民法には，担保物権として，たとえば，動産に関しては質権，また不動産に関しては抵当権といった制度（典型担保）が用意されている。こうした物権法定主義の原則からすると，民法その他法律に規定されていない限り，「物的担保制度」といわれるものは存在しえないはずである。だが，実際の取引の場面で，もしこれらとは違うやり方で債権の回収をより確実なものにすることができるとしたらどうだろう。経済的に合理的かつ効率的に行動する当事者であればそれを利用したいと考えるのが普通であるし，それを認めてもよい場合がある。民法に直接の規定がないにもかかわらず，そうした実務からの要請に応えて，同等の担保機能を有する制度（非典型担保）が工夫され利用されてきた。これが譲渡担保とよばれる財産権移転形式での担保である。かつては，こうした担保形式の利用は脱法行為ではないかとの疑いが向けられたこともあったが，現在では，譲渡担保の効力は，一定の制限があるものの，一般的に承認されている。譲渡担保は，担保目的物の違いに応じて，不動産譲渡担保と動産譲渡担保に区別されて議論されている。以下では，まずは不動産譲渡担保について説明し，動産譲渡担保については**第9章**第2節で扱うことにする。なお，不動産に関する非典型担保である仮登記担保については本章の終わり（→**コラム㊾**）でとりあげている。

第1節　不動産譲渡担保

　会社経営者であるＡが，運転資金として3000万円を調達するため自宅を売ろうかと考えたが，家族が住んでいるのでそれは避けたいと思い直して，金融業者Ｂに融資を依頼したとする。Ｂは，もしかしたらＡの会社経営がうまくいかず返済が滞るかもしれないが，Ａには一定の財産があるから，お金を貸してもよいと考えたとしよう。

　この場合，確実に債権を回収するために，ＢとしてはＡの自宅に抵当権を設定させるという方法をとることができる（抵当権については→**第6章**）。この方法であれば，Ａは抵当権を設定するだけで済み，自宅を売らなくてもよく，順調に返済している限り自宅に住み続けることができる。もしＡが返済不能となれば，Ｂはこの抵当権を実行すればよい。しかし，Ｂにとってはこの抵当権の実行手続（→**第6章**第3節5）は時間と経費がかかり，かなりわずらわしい。しかも，適正な価格で競売されないことも多く，債権の回収がうまくいかない可能性もある。そこで，こうしたＢのデメリットを回避するために考案されたのが次のような法形式である。すなわち，融資の際に，債権担保のためにＡの家をＢに売却したとの契約の形式（「売買契約」〔555条〕）をとっておくことにするのである。そうすれば，「売買契約」成立後は法形式上Ｂが所有者となるから，Ａが返済不能になったとき，Ｂは，抵当権を実行するといったような余分な手間をかけずに，所有者として自己の所有権に基づいてＡの家を自分のものにしたり売却したりすることができる。また，Ｂは，所有者として「売買契約」成立後の抵当権の設定や賃貸借契約の締結を容易に阻止することもできる。

　このように，Ａとしては，借金をしたいが，この家にも住み続けたいと考

不動産譲渡担保では，設定者Ａから譲渡担保権者Ｂに所有権移転登記が経由されることになる。この場合，Ｂは「所有者」となるのか，それとも「担保権者」となるにすぎないのかという，譲渡担保の法的構成が問題とされてきた。学説では，目的物の「所有権」は設定契約時に譲渡担保権者に移転するが，譲渡担保権者は担保の趣旨に反する処分ができないことになるとする見解（所有権的構成）と，目的物の所有権は設定時には譲渡担保権者に移転せずに，譲渡担保権者は質権や抵当権と同様の「担保権」を取得するにすぎず，私的実行によってはじめて所有権を取得することになるとする見解（担保的構成）が対立している。所有権の帰属によって問題を処理することには限界があり，いずれの見解によっても譲渡担保権者の所有権が担保的な制約を受けることが認められている。それでもなお，こうした譲渡担保の法的構成の違いが問題の処理に影響する場面があることには注意してほしい（たとえば→184頁以下など）。

え，Ｂとしては，お金を貸してもよいが，より簡単，確実に債権の回収をしたいと望んでいる。そこで，こうした両者の要望をかなえるため，Ａはまず自分の家をＢに売却し登記を移転しておいて，Ｂに借金を返済した場合には，この家の所有権が自分に戻るようにするのである。これが譲渡担保という方法である（→コラム㊽）。この場合のＡを譲渡担保権設定者（以下，設定者という）といい，Ｂを譲渡担保権者という。

　譲渡担保は，譲渡担保権者Ｂが最終的に目的物の所有権を取得できる点で仮登記担保（→193頁のコラム㊾）と類似する。もっとも，譲渡担保の場合は所有権移転登記をすでに経由しておくことになるから，仮登記担保の場合とは異なって，実行の際に仮登記を本登記にするといった面倒な手続は必要とされない（利害関係人の承諾は不要。不登109条参照）。

　こうした担保形態を，民法典に規定されていないという意味で非典型担保とよんでいる。これらの担保形式では，担保という経済目的を超えた所有権移転という，いわば過剰な法形式が用いられているといえよう。そこでは法形式上，債権者に，優先弁済権にとどまらず目的物の所有権が与えられていることから，被担保債権額を超える過大な経済価値が債権者に帰属する可能性（債権者に独占されて債務者に戻らないおそれ）がある。これは，担保という経済的目的と，所有権移転という法形式とが一致していないというミスマッ

チから生じる弊害とみることができる。この問題を克服するために，判例や立法を通じて様々な是正手段が考えられてきた（→188頁の**ケースのなかで14**）。

第2節　不動産譲渡担保の設定

譲渡担保はどのように設定されるか？

　不動産譲渡担保は，設定者Aと譲渡担保権者Bとの契約により設定される。Aは債務者であることが通常であるが，抵当権の場合と同じく，債務者以外の第三者（物上保証人という）であってもよい。被担保債権は，金銭債権が通常であるが，将来発生する債権であっても，増減変動することが予定される債権でもよい。

登記が対抗要件となる

　譲渡担保権の対抗要件は，AからBへの所有権移転登記によることになる（177条）。この場合，「譲渡担保」を登記原因として記載することができるが，「売買」とされることもある。登記申請に際しては，不動産登記法61条によれば，真正の登記原因証明情報の提供が求められている。このことから，譲渡担保の場合に，「売買」などの真実でない登記原因を記載することは許されるべきでないとする見解がみられる。もっとも，登記原因を「譲渡担保」と記載しても，その登記は所有権移転登記として扱われ，登記簿上では甲区（所有権に関する事項）に記載されることになる。そうなると，抵当権の場合（その他の権利の乙区に記載される）とは異なって，そこでは被担保債権の範囲は記載されないままであるし，また譲渡担保権がすでに実行されたかどうかといった情報を得ることもできない（登記簿の形式については→56頁）。こうした形での登記簿上の記載だけでは「担保」の公示としては，いずれに

せよ，不十分なことは否めない。

第3節　不動産譲渡担保の内容と範囲

設定者は目的不動産を利用できる

　不動産譲渡担保では，目的不動産が本当に売却されるわけではないので，設定者は目的不動産を占有・利用し続けることができる。これが設定者にとってのメリットであるが，具体的に目的不動産をどのように利用できるのかは当事者の合意（契約内容）によって定まる。通常は設定者と譲渡担保権者との間で賃貸借契約などが締結されるが，この効力をどうみればよいのであろうか。譲渡担保を担保的構成で考えるならば，設定者は実質的には所有権に基づく利用をしているにすぎない。そこで，学説は，このような契約関係については，通常の賃貸借と同じ扱いをするのではなく，単に設定者の利用権を認め，何らかの対価を支払うべきことを意味するにすぎないとしている。この見解によれば，この場合の対価としての「賃料」は返済金ないし利息に相当するものであって，たとえ数回の「賃料」の不払があったとしても直ちに「賃貸借契約」を解除できるということにはならない。また，譲渡担保権者の設定者に対する目的物の引渡請求は，賃貸借の期間満了ではなく譲渡担保権が実行されてはじめて可能となる。

　もっとも，設定者が目的物を占有・利用する場合には，目的物の保管について善管注意義務（400条）を負うことになる。これに違反すると債務不履行責任（415条）が発生する。また，譲渡担保権者も同様の義務を負うとともに，担保目的を超えて権利を行使することは許されない。譲渡担保権者が清算完了までに目的不動産を第三者に処分すれば，設定者の権利を害する債務不履行となる。

**占有移転を伴わない買戻特約付売買契約は譲渡担保契約
となる**

債権者Xは,債務者Yが貸金債権の弁済をしなかったので,その債権の回収の
ために,Y所有の本件不動産について買戻特約付売買契約を締結したが,Yはそ
の後も本件不動産を占有していた。そこで,XはYに対して本件不動産の明渡し
を求めたが,Yは,本件契約は譲渡担保契約であり,Xは所有権を取得していな
いとして争った。

裁判所は,買戻特約付売買契約の形式がとられていたとしても,それが目的不
動産を何らかの債権の担保とする目的で締結されているときには,譲渡担保契約
となることを認めた。さらに,目的不動産の占有の移転を伴わない場合,特段の
事情がない限り債権担保の目的で締結されたものと推認されるとし,その性質は
譲渡担保契約であると判示し,Xの請求を棄却。

《買戻特約付売買契約の性質,譲渡担保契約……最判平18年2月7日》

付加一体物・従物についても譲渡担保権は及ぶ

通説は抵当権に関する370条(→136頁)の類推適用により,付加一体物に
ついて譲渡担保権が及ぶことを認める。判例も借地上の建物を譲渡担保とし
た場合には,従たる権利として敷地利用権に譲渡担保が及ぶとしている。

被担保債権の範囲は譲渡担保契約によって決まる

かつては利息が賃料形式をとっているときにも利息制限法が適用されるか
どうかが問題とされたが,現在では常に利息制限法が適用される。譲渡担保
では後順位担保権者が現れることは想定できないから,抵当権についての
375条は類推適用される余地はない。

譲渡担保権者は,設定者に債務不履行があった場合に,譲渡担保の私的実
行によって目的物の所有権を取得し,被担保債権について優先弁済を受ける
ことになる。

第4節　不動産譲渡担保権の実行

譲渡担保権を実行するときには清算もしなければならない

　譲渡担保権は，あらかじめ目的物を譲渡する形式をとっているものの，あくまで債権を担保するものであるから，設定者（債務者）Aが債務を弁済すると目的物が返還されることになる。この意味で，譲渡担保権者Bは，いまだ目的物の所有権を確定的に取得できていないという状況におかれている。しかし，Aが債務の履行を遅滞したときは，Bは目的物の処分権能を取得して，譲渡担保の実行（私的実行という）を行うことができる。判例によれば，Bは，目的物の所有権を確定的に自己に帰属させるか，または目的物を第三者に売却することによって換価処分し，その評価額または売却代金等をもって自己の債権の弁済にあてることができるが，余剰金（残額）が生じた場合にはそれを清算しなければならないとする（→188頁の**ケースのなかで14**）。

　この場合の清算方法には2つある。1つは，譲渡担保権者Bが目的物を適正評価して，その評価額と被担保債権額の差額をAに返還して目的物を取得する方法である。もう1つは，Bが目的物を第三者に売却処分してその代金から被担保債権を回収し，残額をAに返還する方法である。前者を帰属清算型とよび，後者を処分清算型とよぶ。いずれの方式とするかは設定契約において決められていることが多いが，Bがそれに従わない場合も担保権の実行が無効になるわけではない（もっとも，Bが設定契約に違反したことによる債務不履行責任を負う可能性はある）。というのも，判例は，換価処分時において，Bがこれらの2つの方法のいずれかを選択することを認めているからである。

　判例によれば，譲渡担保が実行されて目的物が譲渡されても，設定者は清算金の支払があるまで留置権を主張することができる。

ケースのなかで 14　譲渡担保権者には清算義務がある

　債務者Yは債務が返済できなくなったので，本件土地について債権者Xと，つ
ぎのような合意をして所有権を移転した。合意の内容は，期日までに代金額相当
の金員を支払えば土地はYに返還されるが，支払がないときには，Yはこの土地
上の建物を収去し，土地をXに引き渡すものとされていた。本件合意時の土地の
時価は349万余円であり，YがXに支払うべき代金相当額は246万余円である。Y
が代金額に相当する金員を支払わなかったので，XはYに対して本件土地の明渡
しを求めた。

　裁判所は，債権者は不動産の価額から自己の債権額を差し引いて，それでもな
お残額があるときには，これに相当する金銭を清算金として債務者に支払うこと
を要するとしたうえで，Xの本件土地明渡しの請求はYへの清算金の支払と引き
換えにのみ認容されるべきものと判示した。

《譲渡担保，清算義務……最判昭46年 3 月25日》

受　戻　権

　譲渡担保権者は形式上所有権を取得することになるが，その利用や処分を
自由にできるわけではない。譲渡担保は債権の担保を目的としており，設定
者には被担保債権（元本と利息）を弁済すれば目的物について完全な所有権
を回復できることが認められているからである。この権利を受戻権という。
こうした譲渡担保による所有権の制約は，設定者の受戻権をいつまで存続さ
せるかという問題としてあらわれる。設定者は，この受戻権を，帰属清算型
であれば清算金の提供があるまで，処分清算型では処分のときまで行使する
ことができ，その行使によって自己の所有権を回復することができる。判例
によれば，譲渡担保権者が譲渡担保の実行をしていない段階で，設定者が弁
済をしない旨を宣言し受戻権を放棄して，譲渡担保権者に清算金の支払を請
求することは認められていない。なお，譲渡担保権者が清算金の支払をしな
いで，目的物の引渡しを求めてきたときには，設定者は清算金と引換えにす
ることを抗弁として主張することができる。

譲渡担保目的物が侵害されたら

　譲渡担保の目的不動産が侵害された場合，だれが物権的請求権を行使できるのか。先述した所有権的構成によれば，譲渡担保権者のみが物権的請求権を行使できることになりそうである。しかし，判例は，設定者が被担保債権を弁済して所有権を回復できる地位を有することを考慮して，設定者にも，不法占拠者に対する返還請求権を認めている。担保的構成であれば，設定者に物権的な権利を認めることから，この結論は当然のこととなろう。さらに，譲渡担保権者には不法行為に基づく損害賠償請求権も認められているが，賠償されるのは担保目的物の価格ではなく，担保目的からの制約を受けた被担保債権額となる。

設定者が目的不動産を第三者に売ってしまったら

　設定者Aが第三者Cに目的不動産を譲渡した場合，譲渡担保権者Bは対抗要件（177条）を備えている限り，自己の権利を主張することができる。不動産譲渡担保の場合において，Bに登記名義が移転された後では，もはやこうした第三者が登場する余地はない。

譲渡担保権者が目的不動産を第三者に売ってしまったら

　不動産の場合，所有権の登記が譲渡担保権者Bにあることから，Bが目的不動産を自己の物として第三者Dに処分することが起こりうる。この場合，設定者AとDとの関係はどうなるか。

　(1)　弁済期前に譲渡担保権者が目的不動産を第三者へ譲渡したとき
所有権的構成によれば，譲渡担保権者Bは所有権を有していることから，Bから第三者Dへの譲渡は有効となり，Dは善意・悪意を問わず有効に所有権を取得できることになる。Aは受戻権を行使することで，あたかもBを起点としたAとDとへの二重譲渡の関係が生じて対抗問題となる（→**第3章**第2節）。しかし，こう考えると，Dが，目的不動産が譲渡担保目的物であった

ことを知っていた場合にも，対抗要件さえ具備すると完全な所有権を取得できることになる。この結論は，Ａとの関係で衡平を欠くことから，Ｄを背信的悪意者であるとして排除しようとする見解がある。これに対して，Ｂに「所有権」が移転していないとの担保的構成をとり，Ｂの処分権限を否定する見解によれば，譲渡担保権者であるＢには所有権はなく，Ｄはそれを承継できないことになる。つまり，Ａには何らかの物権的権利が残るとすると，ＤはＢからは，そうした制約の付いた所有権を取得することしかできないのである。この場合，ＤがＢ名義の所有権登記を信頼して取引に入った場合には，94条2項の類推適用（→入門・総則〔第5版補訂版〕124頁）によって保護され，その結果，制約の付いていない所有権を取得する可能性がある。

(2) 弁済期後に譲渡担保権者が目的不動産を第三者に譲渡したとき
処分清算型では，譲渡担保権者＝債権者Ｂには不動産の処分権限が生じているから，目的不動産の第三者Ｄへの処分は適法となり，設定者Ａの受戻権は消滅する。これに対して，帰属清算型では，原則として清算金の支払までは受戻権が存続することになる（債権者が清算方式の選択権をもつことについて→185頁）が，問題は，弁済期後，清算金の支払前に目的不動産が処分された場合である。判例は，この場合にもＡの受戻権が消滅すると考えているようであるが，学説には，Ａは清算金の提供まではＤとの関係でも受戻権の行使を主張できるとするものがある。

設定者が譲渡担保権者に弁済した後で，第三者が登場した場合は，判例では対抗問題として扱われている（→ケースのなかで15）。

ケースのなかで 15　弁済後の第三者には登記がなければ対抗できない

　Ｘ（債務者・設定者）は，Ａ（債権者・譲渡担保権者）に対する債務を担保する目的で譲渡担保として本件不動産の所有権移転の登記をＡに経由した。その後，Ｘは債務を弁済し譲渡担保権は消滅したが，Ａは本件不動産をＹに売却し仮登記を経由した。ＸはＹに対して仮登記の抹消を請求した。

裁判所は，不動産の譲渡担保において，設定者が債務を弁済して譲渡担保権を消滅させたが，所有権登記を復帰しないうちに，目的不動産が譲渡担保権者から第三者に譲渡された場合には，第三者がいわゆる背信的悪意者に該当する場合は別として，そうでない限り，設定者は登記がなければその所有権を第三者に対抗することができない，と判示した。

《譲渡担保，対抗要件，背信的悪意者……最判昭62年11月12日》

譲渡担保権者の一般債権者が目的不動産を差し押さえたら

　目的物の所有権の登記名義が譲渡担保権者Bにあれば，被担保債権の弁済期以後は，譲渡担保権者の債権者であるEは目的不動産について強制競売の申立てにより差押えをすることができる。この場合，所有権的構成によれば，設定者Aには所有権（「処分権能」）がないことから，Aは第三者異議の訴え（民執38条）によって強制執行を排除することはできない。判例は，被担保債権の弁済期後にEが目的不動産を差し押え，その旨の登記がされた場合には，Aが差押登記後に債務の全額を弁済しても第三者異議の訴えをすることができないとしている。したがって，Aが弁済によって目的不動産を取り戻すことができるのは，弁済期以後，差押登記の時までということになる。これに対して，担保権的構成であれば，Aは原則として第三者異議の訴えを提起することができることになる。なお，一般差押債権者が登記名義を信頼して差し押さえたときは94条2項で保護されるとする学説がある。

設定者の一般債権者は目的不動産を差し押さえることができない

　民事執行規則23条1号によれば，不動産の場合，登記事項証明書に債務者が所有者として記載されていなければ差押えは認められない。したがって，不動産譲渡担保の場合，目的不動産の登記名義は設定者にはなく譲渡担保権者にあることから，設定者の債権者が目的不動産を差し押さえることはできないことになる。

第5節　不動産譲渡担保権の消滅

　本章の冒頭の例（182頁）で説明すると，設定者Aが譲渡担保権者Bから受けていた3000万円の融資（利息も含めて）をすべて返済すれば，Aの債務は弁済によって消滅し，これを担保するBの譲渡担保権も消滅することになる（付従性）。この場合，目的物の所有権はAに復帰することになる。時効によって債権が消滅したり，目的物が滅失したりした場合も，譲渡担保権は消滅する。

★ コラム(59)：法律ができて使われなくなった制度——仮登記担保の現在

たとえばAがBに3000万円の融資をするときに，自己の債権の回収を容易にするため，「もしBが債務を期日までに弁済しないときは，B所有の不動産である甲（評価額4000万円とする）をもって弁済にあてる」と合意することがある。そして，これに基づいて，債権者Aは，甲について所有権の取得の仮登記をし，債務者Bが債務を弁済しないときにはこの仮登記を本登記にあらためて，弁済を受ける代わりに甲の所有権を取得することができることになる。

こうした方法は，AがBに対して取得する将来の所有権移転請求権をあらかじめ保全するための「仮登記」をしておくことで実現されるので，「仮登記担保」とよばれている。この場合の合意は，代物弁済契約予約という形式をとることが多い。Aとしては，このような手段をとっておくことで，Bが金銭を支払うことができないときでも，その代わりに甲不動産を取得することができる（代物弁済）。

譲渡担保ではあらかじめ所有権を移転するという法形式をとるが，仮登記担保は債務者の弁済がない場合に所有権を移転するという形式をとる。この点に両者の違いをみることができる。

仮登記担保の制度がよく利用されるようになった理由としては，①民法上の担保権の不都合を回避できること，とくに私的実行が可能となるから担保競売手続を回避できること，②仮登記担保権者（債権者）にとってはうまみとなる「丸取り」が可能なこと，たとえば上記の例では被担保債権額（3000万円）と目的物価格（4000万円）の差額（1000万円）を得ることができること，にあった。

このような「丸取り」を容認してきた金融実務に対して，判例は当初，極端なものを暴利行為として無効としたにすぎなかったが，その後，担保としての機能を直視し，仮登記担保権者に清算義務を負わせて，債権者が過剰な利益を得ることを抑制してきた。しかし，判例法理による規制では不十分であったこともあり，仮登記担保契約に関する法律（仮登記担保法）が1978年に制定された。同法は，抵当権に接近させるような形で仮登記担保の規制を強化した。また，移転登記ではなく，仮登記をする登録税上のメリットもない。結局，仮登記担保を利用するインセンティブが経済的にも法的にも減少した結果として，実務では仮登記担保はあまり利用されなくなっている。

第**9**章　動産担保

　貴金属や晴れ着など，手元においておかなくても生活に困るわけではないが，価値のある財産を担保に入れて，融資を受ける方法として，古くから質権が利用されてきた。

　しかし，質権設定では引渡しが必要なので，工場の機械，オフィス機器，原材料，完成品などの，生産や営業に必要なものを担保化することはできない。これらの物の占有を担保権者に移転してしまうと，生産や営業ができなくなってしまうからである。質権が満たすことのできないこのようなニーズに応えるために，動産譲渡担保が利用される。最近では，不動産や経営者の個人保証に依存することなしに，中小企業が資金を調達するための新たな手法として，在庫品担保や売掛債権担保などの事業収益資産貸付け（ABL：Asset Based Lending）が注目されている。

　また，売主が，売買代金債権の担保として簡単に利用できる制度に所有権留保がある。

　本章は，これらの動産担保の諸制度について，その意義と機能，効力を学ぶ。併せて，動産以外の質や債権譲渡担保についても言及する。

第1節 質 権

1 質 権 と は

　質権とは，債権者が債務の担保として債務者または第三者から受け取った物を債務の弁済を受けるまで留置し，債務不履行の場合にその物から他の債権者より優先的に自己の債権の弁済を受けることができる権利である（342条）。

　質権の目的物は譲渡可能な物であれば何でもよい（343条）から，動産および不動産が含まれるほか，財産権もまた目的とすることができる（362条）ので，債権，株式，知的財産権など多種多様な財産的価値のあるものを担保とすることができる。

　質屋に価値のある動産をもっていって質入れし，生活に必要な資金を借りることが，かつては消費者金融のほとんど唯一の手段であった。しかし，現代では，高利ではあるが無担保で消費者に融資をする貸金業者（消費者金融）の増加，銀行の消費者ローンやクレジットカード会社によるカードローン（キャッシング）が容易に利用できるようになったことにより，消費者金融における動産質権の役割はずいぶん小さくなった。

　企業間信用においても，生産や営業のために必要な設備や商品を債権者の占有に委ねるということでは事業が行えなくなるので，これらを担保化する必要があるときは，動産譲渡担保が利用される。

　不動産質も，担保にとった不動産を管理して，使用収益するということは，金融機関にとってかえって手間がかかることであり，ほとんど利用されていない。

ただし，債権や，株式，知的財産権などの権利の上の質は，設定や管理が容易であることから，これらの財産権についての譲渡担保と並んで，一定の役割を果たしている。

2　動産質権の成立

譲渡可能な物は質入れできる

　譲渡可能な物であれば質権を設定することができる（343条）。ただし，自動車，航空機，建設機械など特別法で動産抵当制度の設けられている動産については質権を設定できない（自抵20条等）。民事執行法上の差押禁止動産（民執131条）であっても，譲渡が禁止されているものでない限り，所有者の意思に基づいて質権の目的とすることができる。

　他人の債務の担保のために，債務者以外の者が自己の所有物に質権を設定することもできる（物上保証）。質権が実行された場合には，物上保証人は債務者に対して求償権を取得する（351条）。

引渡しがないと効力を生じない

　民法は，物権の設定・取得等の効果は当事者の意思表示のみで生じるとの意思主義の原則（176条）を一般にとっているが，質権設定契約については要物契約であり，質権設定の合意に加えて，債権者への目的物の引渡しがあって初めてその効力を生じる（344条）。質権設定のための引渡しは，現実の引渡しのみならず，簡易の引渡しや指図による占有移転でもよいが，占有改定では質権設定の効力が認められない（345条）。すなわち，債務者に代理占有をとどめたままの非占有質は認められない。これは，質権の被担保債権が弁済されるまで，質権者が質物を留置できる（347条）という，債務弁済の促進機能を重視しているからである。

　もっとも，質権者が直接占有を取得することは要件とされていないので，同一動産上に複数の質権が成立することがありうる（たとえば，第三者に預け

てある動産について複数の指図による占有移転がされた場合)。この場合の優先順位は設定の順になる (355条)。

　他人の物に質権を設定した場合，設定者の所有物でない点について質権者が善意無過失であれば，質権を即時取得 (192条) する可能性がある。

継続して占有することが対抗要件

　動産質権の第三者への対抗要件は，目的動産を継続して占有することである (352条)。占有している限り，目的物の所有権が第三者に譲渡されたとしても，その第三者に対して質権を主張することができる。しかし，いったん成立した質権であっても，質権者から占有が失われれば，第三者に対して質権を主張できなくなる。

　債務者や物上保証人などの質権設定者は，352条の継続占有をしていなければ質権を対抗できない第三者には含まれない。したがって，いったん質権が有効に成立した後に質権者が質権設定者に質物を返還しても，質権は消滅しない。質権者は，質権設定契約に基づいて質権設定者に対して，再度の引渡しを請求することができ，占有を回復すれば，再び第三者に対抗することができる。もっとも，目的物の留置が質権の本質であり，質権設定者による代理占有禁止規定 (345条) の脱法を阻む必要があることを理由に，この場合に質権は消滅するとする説もある。

3　動産質権の効力

優先弁済を受けられる債権の範囲はひろい

　元本，利息，違約金，質権実行費用，質物保存費用，債務不履行による損害賠償，質物の隠れた瑕疵による損害賠償について，質権者は質物から優先弁済を受けることができる (346条)。これら以外の債権を担保する約定も有効である。利息・遅延利息についても全額について優先弁済を受けることができるなど，最後の2年分に限定されている抵当権 (375条) に比べて被担保

★ **コラム⑥:質屋と質流れ**

　質屋は，今では，ブランド品のディスカウントショップ（実態は古物商）のイメージが強いが，無担保で消費者に融資をする消費者金融が出現するまでは，消費者向け融資の主力であった。昔の大学教授には，貴重な書籍を質屋に持っていって，お金を借りたという経験をもつ人も多い。一橋大学教授であった野々村一雄の『学者商売』，『学者商売その後』（ともに新評論，1978年）をみよ。

　質屋を業として営むためには，質屋営業法上の許可をとる必要がある。その代わりに，営業質屋については，代物弁済として質物の所有権を取得すること（流質契約，質流れ）が許されている（質屋1条・19条）。質物の価額が被担保債権額を上回っていても差額を設定者に返還しなくてもよいかわりに，被担保債権額に満たなかったとしても債務者に残債務の支払を請求することはできない。物の真贋を見抜く目利きの能力がないと質屋はつとまらない。

★ **コラム⑥:転　質**

　質権者は自己が占有する質物の上に，質権設定者の承諾を得て自己の債務の担保として質権を設定することができるのみならず，承諾がなくても自己の責任で質権を設定することができる（348条前段）。前者を承諾転質，後者を責任転質とよぶ。責任転質の場合は，転質をしなければ生じなかったような不可抗力による質物の損害についても，質権者は所有者に対して損害賠償の責任を負う（同条後段）。転質の法的性質については，質権付債権の質入れであるとの説と，質物の再度の質入れであるとの説が対立している。

債権の範囲がひろい。これは，上記のように355条は複数の質権設定の可能性を認めているものの，目的物の現実の占有が質権者に移転している場合が大部分であり，後順位担保権者が現れる可能性が低く，かつ，動産であることから一般債権者の期待もそれほど保護する必要がないことによる。

質権者は目的物を留置できる

　質権者は，被担保債権の弁済を受けるまで，目的物を留置することができる（347条本文）。ただし，先順位の質権者や質権に優先する動産先取特権者（334条・330条2項）など，自己の権利に優先する権利をもつ者からの競売を拒むことはできない（347条ただし書）。

留置権の場合と同様，質権者は，目的物の保存のために必要な場合を除いて，設定者の承諾がなければ目的物を使用あるいは賃貸することができない（298条2項。350条で準用）。

質物を第三者に奪われたら

質物が第三者に奪われた場合，民法は質権そのものに基づく物権的返還請求を認めず，占有権に基づく占有回収の訴えの提起のみを認める（353条。→**第5章**第4節3）。したがって，侵奪後1年以内に請求しなければならず（201条3項），善意の第三者に目的物が引き渡されるともはや追及できなくなる（200条2項）。このように，質物の占有を奪われた質権者の権利を制限した理由は，占有のない質権の効力を制限して他の債権者の利益を保護することにあったものと推測されている。また，立法者が，質権者と侵奪者との関係も質権の対抗問題として理解していたのではないかとも指摘されている。

質物の占有侵奪以外の方法で質権者の占有が妨害された場合には，質権に基づく妨害排除請求権や妨害予防請求権を行使することができる。たとえば，質物が壊されそうになったような場合がこれにあたる。

優先弁済権の実現方法

被担保債務が履行されない場合の質権者の優先弁済権は，原則として，民事執行法の規定（民執190条以下）に従って競売によって目的物を換価して，その売却代金から弁済を受けることによって実現される。このほか，動産質の場合には，競売費用の方が高くつくなどの正当な理由があり，裁判所が許可すれば，質権者は鑑定人の評価した額と債権額との差額を設定者に支払って，目的物の所有権を取得することができる（354条）。

弁済期の到来前に締結された流質契約は無効とされている（349条）。しかし，譲渡担保が有効とされ，流抵当（ながれていとう）も許されていることから，立法論としては流質契約を有効とし，目的物の価額と被担保債権額との差額の清算義務

　住宅を購入する際に，銀行から住宅ローンを借りると，債務者はローンの担保のために，購入した住宅に抵当権を設定するほか，住宅に火災保険をかけたうえで将来の火災保険金請求権に，銀行のために質権を設定することを求められる。火災によって住宅が全焼すると，抵当目的物の消滅によって抵当権そのものも消滅するが，物上代位の規定によって（304条。372条で準用），抵当権者は債務者の取得する保険会社に対する火災保険金請求権に代位することができる。しかし，304条によれば，もし債務者に他の債権者がいて，その債権者が銀行より先に火災保険金請求権を差し押さえて転付命令を得てしまうと，もはや銀行は物上代位権を行使できなくなる。そこで，そのような事態が生じても，火災保険金を確実に取得するために，将来生じる火災保険金請求権に前もって銀行のための質権の設定を受けておくのである。

を質権者に負わせることが提案されている。なお，商人間の質や営業質屋については，流質契約は有効である（商515条。→199頁の**コラム㉚**）。

4　動産以外の質

不動産質は利用されていない

　不動産質は，占有改定以外の方法で質権者に移転することが成立要件であり，質権設定の登記が第三者への対抗要件となる。動産質の場合と異なり，別段の定めがない限り，質権者は不動産を使用・収益することができるが（356条），そのかわりに不動産の管理費用を負担しなければならず（357条），また利息を請求することができない（358条）。その存続期間は10年を超えることができない（360条）。

　質権設定者にとって不動産を利用できなくなることは不便であること，金融機関等の債権者にとっても管理の負担が大きいことから，現代では，ほとんど利用されていない。

権利質は利用されている

　物ではない財産権もまた質権の目的とすることができる（362条）。譲渡可能な権利には多様なものがあり，民法では，債権（364条），指図証券（520条

の7），記名式所持人払証券（520条の17），その他の記名証券（520条の19），無記名証券（520条の20）について規定がおかれている。また，質権の成立要件や対抗要件は特別法で定められていることも多い（株式について会社146条以下，手形について手19条・77条，特許権について特許95条以下，著作権について著作66条・77条等）。

第2節　動産譲渡担保

1　動産譲渡担保とは

　不動産の譲渡担保についての第8章で学んだように，譲渡担保とは，財産権の移転の形式をとった担保方法である。譲渡担保の目的物としては，不動産，動産，債権，手形など譲渡可能なものであれば何でもよい。この点は質権の場合とほとんど変わらないが，営業権のように財産的価値はあっても，質権を設定できないものについても担保化しうるところに，譲渡担保の便利さがある。

　このうち，動産譲渡担保については，設定者の生産や営業に必要な動産について，設定者に占有を留め，その利用を継続したままで，債権者のために担保化できるところに質権にはない利点がある。また，私的実行も可能である。これらの点で，占有改定による質権設定の効力を否定する345条や，流質契約を禁止する349条に違反する脱法行為ではないかという疑念も過去にはあった。しかし，現在では，動産譲渡担保は，取引実務に根ざした一種の慣習法上の物権としてその効力がひろく認められ，動産質の欠点を補うものとして活用されている。

　自動車や建設機械，農業用動産のように，動産であっても，特別法によっ

て抵当権の設定が認められているものがあり，占有を移転することなしに，登録によって抵当権の存在を公示することができる。しかし，これらの動産についても譲渡担保に供することは可能である。

2 動産譲渡担保権の成立

動産譲渡担保権の成立のためには，所有者と譲渡担保権者との間で，目的動産を担保として譲渡する旨の合意（設定契約）があればよい。動産譲渡担保権を第三者に対抗するためには，引渡しが必要であるが（178条），判例は占有改定による引渡しでもよいとしているので，目的動産の占有・利用を設定者に留めたままで担保化することができる。もちろん，現実の引渡しを受ける譲渡担保権の設定も可能である。

占有改定による引渡しを得ても，公示方法としてはきわめて不十分であり，同一物が別々の債権者に対して二重に譲渡担保の目的とされる可能性がある。この場合，第1の譲渡担保権者が占有改定による対抗要件を備えれば，所有権の移転という点では，176条・178条により，譲渡人は完全に無権利者になり，占有改定による引渡しでは即時取得は認められないとの判例理論からは第2の譲渡担保権者が即時取得することはなく，第1の譲渡担保権のみが成立することになる。判例は，譲渡担保権の重複設定自体は有効とするものの，後順位譲渡担保権者に独自の私的実行の権利を認めると，配当手続が整備されていないために，先順位譲渡担保権者に優先権を行使する機会が与えられないこととなるので，後順位担保権者による私的実行は認められないとする。結局，第2の譲渡担保は，第1の譲渡担保がその被担保債務の弁済により消滅したような場合にのみ，意味があるにとどまる。

3 動産譲渡担保権の効力

第三者に対する効力

動産譲渡担保では，設定者が目的動産を占有しているために，設定者がそ

れを第三者に譲渡したり，設定者の債権者が目的動産を差し押さえたりすることがある。このような場合に，譲渡担保権者としてどのような権利行使が可能か。

　まず，第三者への譲渡の場合については，設定者から目的動産を譲り受けた第三者が善意無過失であり，かつ現実の引渡しがされていれば，即時取得する可能性がある。即時取得が成立しない場合には，譲渡担保権者は第三者に対して目的動産の自己への引渡しを請求することができる。

　設定者の一般債権者が設定者の占有する譲渡担保の目的物を差し押さえた場合，判例は，譲渡担保権者は所有権を主張して第三者異議の訴え（民執38条）を提起できるものとしている。このような強い権利が譲渡担保権者に認められるのは，譲渡担保の法的構成として所有権的構成をとっているからである。担保としての実質を重視する立場からは，譲渡担保権者が債務者の一般債権者による強制執行に対して優先弁済権を主張して配当に参加する方法を民事執行法の中に創設すれば，第三者異議という強い権利を譲渡担保権者に認める必要はなくなるという考え方もある。

動産譲渡担保権はどのように実行するか？

　動産譲渡担保権の実行は私的実行として行われ，その方法は，不動産譲渡担保の場合とほぼ同様であり，実際の債務額との清算義務がある（→187〜188頁）。

4　集合動産譲渡担保

集合物が1個の担保

　特定している複数の物について，1つの契約で譲渡担保権を設定することもできる。それが倉庫に入っている商品であるとか，店舗に備えつけられた道具や家具・設備一式といったまとまりのあるものである場合には，1つひとつの物について別々の，すなわち全体として複数個の譲渡担保権が成立す

るというよりは，全体としての集合物について1個の譲渡担保権が成立するものとされる。

　ある特定の倉庫内の在庫品を固定することなく，たえず納入され，搬出される状態のままで全体として譲渡担保に供する場合のように，集合物の中身が特定しておらず，時間がたてば入れ替わるようなものである場合についても，種類，所在場所，量的範囲を指定するなどの方法により目的物の範囲が特定される場合には，1個の集合物として譲渡担保の目的とすることができる。この場合をとくに流動動産譲渡担保とよぶことがある。

個別の引渡しは不要

　集合動産譲渡担保では，最初の設定の時点で集合物について引渡しを受けておけば，その後に集合物に加わった物についても，改めて個別に引渡しを受けなくても譲渡担保の対抗力が及ぶとされる。たとえば，Aが特定の保管場所に保管している鋼材全体についての集合動産譲渡担保がAの債権者Bのために設定されている場合において，第三者CがAに新たに鋼材を販売し，その鋼材が保管場所に搬入されたときは，Bの集合動産譲渡担保権が新たに搬入された鋼材にも当然に及ぶことになる。この場合，その鋼材の代金が未払であれば，新たに搬入された鋼材の上のCの動産売買先取特権とBの集合動産譲渡担保権が衝突することになるが，Bの集合動産譲渡担保権が優先するとするのが判例である（→227頁の**コラム㊾**）。

譲渡担保設定者が集合物に属する物を転売すると

中身の入れ替わりが想定されている集合物の一部，たとえば，倉庫内に保管されている販売用の在庫品の一部が第三者に売却された場合，買主は所有権を取得できるだろうか。このような場合，通常の営業の範囲内であれば，集合物に属する動産の処分権が設定者に与えられているので，買主は確定的に所有権を取得することができる（→**ケースのなかで16**）。

> **ケースのなかで 16**　**通常の営業の範囲を超える集合動産の売却処分の場合には買主は所有権を承継取得できない**
>
> 　Yは，養魚用飼料代金債権の担保のために，Aを譲渡担保権者として，漁場にあるいけすで養殖している魚すべてに集合動産譲渡担保を設定し，占有改定によりAに引き渡した。Aは通常の営業の範囲内で養殖魚の販売をYに認めていた。その後，YはXとの間で，養殖ハマチ約27万尾をXに売却し，転売のために目的物をいけすから移動するまでYがXに代わって飼育を行うものとした。Yが倒産したので，Xがハマチの引渡請求をした。
>
> 　裁判所は，構成部分の変動する集合動産を目的とする対抗要件を備えた譲渡担保の設定者が，その目的物である動産につき通常の営業の範囲を超える売却処分をした場合，譲渡担保契約に定められた保管場所から搬出されるなどして当該譲渡担保の目的である集合物から離脱したと認められるときでない限り，当該処分の相手方は目的物の所有権を承継取得することはできないとした。
>
> 《集合動産譲渡担保，転売，通常の営業の範囲，承継取得……最判平18年7月20日》

5　債権譲渡担保

債権質と債権譲渡担保は似ている

債権譲渡が担保目的で行われる場合もある。そもそも，債権質の対抗要件は，債権譲渡の場合と同じであり（364条），法人が金銭債権を譲渡した場合にその譲渡の登記を債権譲渡登記ファイルにすれば，第三者との関係では467条の規定による確定日付のある証書による通知があったものとみなす動

産債権譲渡特例法4条も，債権質の場合に準用される（動産債権譲渡特14条）。

　また，債権譲渡担保権の実行は私的実行として行われる。すなわち，債権譲渡担保権者は債権を直接に取り立てることができ，それが金銭債権であれば取り立てた債権を弁済にあてることができる。そして，債権の質権者も，民事執行法の規定に従った担保権実行（民執193条）によるほか，同様に債権を取り立てて，弁済にあてることができる（366条）。

　このようなことから，実務では，債権質と債権譲渡担保はひとくくりにして論じられることが多い。ただし，銀行が顧客の自行預金を貸付債務の譲渡担保に取ると，混同によって預金債権が消滅してしまう（520条）ので，債権質を利用するか，あるいは相殺の担保的機能を利用する（預金担保貸付→債権〔第2版〕**第7章**第2節2）ことになる。

将来債権譲渡担保や集合債権譲渡担保も可能

　たとえば，賃貸借契約が解約されなければ将来発生する賃料債権のように，債権の譲渡の意思表示の時には未だ発生していない債権（将来債権）についても，譲渡することができ（466条の6第1項），将来債権の譲受人は，発生した債権を当然に取得するとされる（同条2項）。そして，将来債権についても，確定日付のある証書（→債権〔第2版〕**第6章**第1節5）で，譲渡人が債務者に通知をし，または債務者が承諾をすれば，譲受人は第三者に対抗することができる（467条）。したがって，将来債権を担保として譲渡することも可能である。

　また，たとえば，過去の売買取引から発生した複数の債権を一括して，あ

るいは将来の取引から発生する複数の債権を一括して，さらには複数の既発生債権と複数の将来債権を一括して譲渡担保に供するという，いわゆる集合債権譲渡担保も可能であり，上記のような確定日付のある証書により，あるいは動産債権譲渡特例法に基づく債権譲渡登記により，第三者対抗要件を取得することができる。

　譲渡の対象となる将来債権は，将来の賃料債権のように，発生原因（賃貸借契約）は存在するが，債権が未発生である場合に限定されず，未発生の債権をひろく含む。とはいえ，発生原因となる取引の種類や譲渡に係る金額，発生期間の始期と終期などを明確にすることによって，譲渡の対象となる将来債権を特定することが必要である。その際，将来の債権発生の可能性が低くても，それを踏まえて譲受人が譲渡担保の設定を受けていることから，将来債権譲渡担保の効力に影響しない。

第3節　所有権留保

1　所有権留保とは

　所有権留保とは，買主が代金を完済するまで，売買目的物の現実の占有は買主に移転するものの，所有権を売主のもとに留めておくことにより，担保の目的を実現しようとするものである。代金債務の不履行があった場合，売主は留保している所有権に基づいて売買目的物を取り戻すことができる。

　売主としては，代金債務を確実に回収するためには，目的物の引渡しと代金の支払の同時履行を主張すればよいが，何らかの理由で，代金後払に応じざるをえない場合もある。このような場合，たとえ所有権が買主に移転していても，動産売買先取特権の行使により，売主は代金債権の優先弁済を得る

ことができるが（321条），売買目的物が売主から第三取得者に引き渡されてしまうと先取特権はもはや行使できなくなる（333条）。この場合，第三取得者への移転が転売契約によるものであれば，最初の売買契約の売主は，買主（転売主）の転売代金債権に物上代位できるが（304条），このためには転買主の代金支払前の差押えが必要である。また，売買契約の解除によって取り戻すことも可能であるが，解除前の第三者には対抗できない（545条1項ただし書）といった限界がある。所有権留保は，即時取得の成立する場合を除いて，このような第三者の出現を排除できるというメリットがある。

2　所有権留保の成立

　所有権留保は，売主と買主の間での所有権移転時期の合意として行われる。
　民法では，所有権の移転のためには特別の意思表示や手続は不要であり，所有権移転時期について特段の定めがない限り，売買契約の締結によって所有権も移転すると考えられている。したがって，売主が売買代金債権の弁済を確実にするために売買目的物の所有権を代金完済まで留保する場合には，売買契約においてその旨の特約が必要である。明示の特約がなくても，割賦販売法の適用を受ける指定商品を分割払で購入する場合について，割賦販売法では，買主の支払債務が全部履行されるまで売主に所有権が留保されたものと推定される（割賦7条）。

3　所有権留保の効力

第三者に対する効力

　所有権留保の法的構成について，判例は，売主が所有権をもち，買主は所有権取得の期待権をもつにすぎないとの所有権的構成をとっている。この考え方によれば，買主が目的物を第三者に売却しても，買主はそもそも所有権を有していないから，即時取得が成立する場合を除き，第三者は所有権を取得することができない。買主の債権者が目的物を差し押さえたときは，売主

は所有権を主張して第三者異議の訴え（民執38条）を提起することができる。

留保所有権はどのように実行するか？

　買主が残代金債務の支払を遅滞したときは，売主は売買契約を解除し，解除の効果として目的物の返還を請求する。この限りでは，所有権を留保していない場合と変わらない。所有権留保という担保権の私的実行が契約の解除という形式で実現されると説明することもできる。

　売主が取り戻した目的物の現在の価額（中古品としての価値）が，残債務額を上回っている場合には，売主は差額を買主に清算する義務を負う。

　売主が分割払の形で自ら買主に信用を与えるという割賦販売（割賦2条1項1号）で，買主が途中まで賦払金の支払を継続した後に遅滞に陥り，契約を解除された場合は，支払済みの賦払金も買主に返還されることになるが，他方，買主は債務不履行による損害賠償の支払義務を負う。契約が解除された場合の損害賠償額について，割賦販売法6条1項は，目的物の通常の使用料の額または割賦販売価格と取戻時における価額との差額のいずれか高いほうの額を超えることはできないとして買主を保護している。

　分割払の売買契約には，買主が弁済を1回でも怠った場合は期限の利益を失い，売主は全債務の弁済を請求することができるとの期限の利益喪失約款（→入門・総則〔第5版補訂版〕171頁の**コラム⑧**）と，売主の解除には催告が不要であるとの失権約款（→債権〔第2版〕188頁の**コラム⑳**）が含まれていることが多いが，割賦販売法5条は，20日以上の猶予期間をおいた書面による催告が必要とする。

流通過程で所有権が留保されると

　動産がA→B→Cと流通する場合におけるA・B間の売買代金の支払確保は，手形の振出し，動産売買先取特権の活用，継続的取引開始前の根抵当権の設定などによって行われるのが普通であるが，所有権留保が利用される場

合もある。もっとも，この場合，Aに所有権が留保されているとすると，Bはそもそも所有権を取得していないのだから，Cに有効に所有権を移転することができるのかという問題が生じる。Cが即時取得の要件を満たす場合は問題ないが，そうでない場合はCに不測の損害を及ぼすおそれがある。判例は，権利濫用でCを救済した（**→ケースのなかで17**）が，このような流通過程の中間段階における所有権留保売買の場合には，BはAの所有物をBの名前で販売する権限を与えられている（転売授権）との考え方が提案されている。この考え方によれば，Cは，代金を支払った以上は，完全な所有権をAから取得できることになる。

ケースのなかで 17　**自動車ディーラーの留保所有権の行使は権利濫用になることもある**

　自動車のディーラーXはサブディーラーAに甲自動車を所有権留保特約付きで販売し，AはユーザーYに甲を同様に所有権留保特約付きで転売した。その際，Xの従業員がYのために車検や車庫証明の手続を代行し，甲もXからYに直接引き渡された。YはAへの代金を完済したが，AがXへの債務の弁済を怠ったために，XがX・A間の売買契約を解除し，所有権に基づいてYに対して甲の返還を請求した。裁判所は，Xの引渡請求は，本来，XがAに対してみずから負担するべき代金回収不能の危険をユーザーであるYに転嫁しようとするものであり，権利の濫用として許されないとした。

ところで，このケースで，Yに即時取得の保護が与えられるだろうか。

　　　　　　　　　　　　《所有権留保，権利の濫用……最判昭50年2月28日》

4　動産以外の所有権留保

　不動産の通常の売買では，代金全額の支払と所有権移転登記手続が同時に行われる。その際に所有権も移転するとされるのが普通であろう。しかし，不動産についても代金を分割返済し，完済するまで所有権を売主に留保することは可能である。ただし，宅地建物取引業者が自ら売主となって宅地または建物の割賦販売を行うときは，代金の30％を超える額の支払がされた後は，所有権留保が禁止されている（宅建業43条1項）。したがって，その時点までに買主への所有権移転登記手続を行わなければならない。同時に，譲渡担保にとることも禁止されているので（同条2項），売主は抵当権または不動産売買の先取特権を登記して，自己の売買残代金債権を担保することになる。

★ **コラム⑥：集合動産譲渡担保と所有権留保が衝突すると？**

　構成部分の変動する集合動産である流通業者Aの倉庫内の在庫品について，Aが債権者Bのために譲渡担保権を設定しており，他方で，Aに在庫品となる商品を供給したCが当該商品について売買代金債権の担保のために所有権留保をしていたという場合，Bの譲渡担保権とCの所有権留保はどちらが優先するだろうか。

　判例は，次の2つの事情の下では，Bは売買代金が完済されていない商品についてCに譲渡担保権を主張することができないとする。すなわち，第1に，CからAに1つの期間に納品された商品の所有権は，当該期間の売買代金の完済までCに留保されることが定められ，これと異なる期間の売買代金の支払を確保するためにCに留保されたものではない。第2に，Aに売買代金を支払うための資金を確保させる趣旨でCがAに商品の転売を包括的に承諾していた。

　なお，Cが所有権留保をしていなくても，動産売買先取特権が生じるものの（321条），これではBの譲渡担保権に優先することができない（→227頁の**コラム⑦**）。

★ **コラム⑥：クレジット会社による所有権留保**

　現在では，割賦販売よりも，クレジット会社が買主の依頼で売主に売買代金の立替払を行い，買主が立替払金をクレジット会社に分割返済するという個別信用購入あっせん（割賦2条4項）の利用が多い。この場合，クレジット会社は，買主に対する立替払金返還債権の担保として売買目的物の所有権を売主から取得して留保する。

　また，事業者が事業に必要な機器や車両を調達する際に，リース会社がリース物件の代金を支払ってその所有権を取得し，それを事業者（ユーザー）に賃貸するという法形式（ファイナンス・リース）を利用することも多い。この場合も，リース会社が有している所有権は，リース料債権の事実上の担保となっている（ファイナンス・リースについては→債権〔第2版〕233頁の**コラム⑦**）。

第10章　法定担保物権

　担保物権は，債権の回収を確保するための手段として利用されている。そのうち，抵当権や質権は設定契約等の当事者の合意があってはじめて成立する（約定担保物権→**第6章**および**第9章**第1節）。これに対して，以下で扱う留置権や先取特権は，法律が，一定の場面で債権者に優先的な弁済を受けさせるために当事者の意思とはかかわりなく当然に成立することを認めた担保物権であり，この意味で法定担保物権とよばれている。

　留置権とは，物に関して生じた債権を担保するためにその物を留め置くことを認める権利である。留置権者は，債務者から自己の債権の弁済を受けない限り，その物を引き渡さなくてよいことになる。先取特権は，法律に定められた一定の債権について債権者が他の債権者に優先して弁済を受けることができる権利である。先取特権の効力はきわめて強いが，比較的少額の特殊な債権に限定されている。法律が，こうした担保物権を当事者の意思によらずに成立させるのには，それなりの理由がある。本章では以上のような点に留意しながら，法定担保物権のことを学んでほしい。

第1節　留置権

第2節　先取特権

第1節　留　置　権

1　留置権とは

　留置権が問題となる典型的な場面をつぎの例で説明してみよう。たとえば，学生Aは，友人Bからその所有のスポーツカーを借りたが，運転中に不注意でバンパーを壊してしまった。Aはこの車を修理工場Cに持ち込み，急ぎの修理を依頼した（A・C間で請負契約が締結されたことになる。632条参照）。翌日，Aは車を取りに行ったが，想定以上の額の修理代金（報酬）を請求され，結局，支払ができず，そのまま帰宅した。その後，Aから連絡を受けたBがすぐにCを訪れ，「修理代金はAからもらってくれ」「これは自分の車だから」といって修理された車を勝手に持ち出そうとした。このような場合，Cは，車の所有者であるBに対しても修理代金の支払の提供があるまで，この車の返還を拒絶することができる。Cのこの権利を留置権という（295条）。このように留置権をCに認めて返還を拒めるとするのは，そのことでCがAに対して有する修理代金（請負代金）の弁済を促すことができるからである。もしCがBからの返還請求を拒めないとしたら，Cは自己の債権を回収する機会を失うおそれがある。Bは所有者であるとはいえ，これでは一方的にBが利益を受けることになり，不公平な帰結をもたらすことになろう。

　ところで，もしA本人が修理代金を支払わずにCに対して車の返還を求めてきた場合は，どうなるか。AとCとの間には修理についての契約（上記の請負契約）が成立しており，この契約に基づいて，C（請負人）はA（注文者）に対し同時履行の抗弁権（533条）を主張し，相手方であるAからの請負（修理）代金の提供があるまで自己の債務である車の引渡しを拒むことがで

きる。他方で，Cの留置権については，物権として成立しているのであるから，Bのみならず，Aに対しても主張できることになる（こうした同時履行の抗弁権と留置権の関係については→221頁の**表10-1**および**コラム㊽**）。

2　留置権の成立要件

　留置権は，先取特権と同じく法定担保物権であり，法律が定める一定の要件を満たせば，当然に成立する。以下では，留置権が成立するための要件について説明することにしよう。つぎの4つの要件のうち，とくに重要なのは被担保債権と目的物との牽連関係である。

被担保債権が目的物に関して生じたものであること

　まず第1の要件として，留置権は物の引渡しを拒む権利であるから，留置権が成立するためには，占有者がその物に関して生じた債権を有していることが必要となる。留置権によって担保される債権（被担保債権）は留置される物（目的物）に関して生じたものでなければならない。これを債権と目的物との牽連関係という。これが認められているのは，つぎの2つの場合である。

　1つは，①被担保債権が目的物自体に関して生じた場合である。たとえば，占有者が占有物を修理したときに生じた費用の償還請求権（196条）や，他人の物を預かった人がその物の瑕疵により受けた損害の賠償請求権（661条），さらには賃貸不動産について賃借人が支払った必要費（608条1項）や有益費（608条2項。有益費に期限の許与がされた場合は別）の償還請求権などがこれにあたる。

　もう1つは，②債権が物の返還請求権と同一の法律関係または同一の生活関係から生じた場合である。たとえば，売買契約に基づいて生じた物の引渡義務と代金債権である。これらは，売買契約という同一の法律関係から発生しているので，売主は代金債権の弁済を受けるまでその物を留置することが

できる。また，AとBとが互いの傘を自分の傘と間違えて持って帰った場合には，AとBは互いに相手方に対して自分の傘の返還を受けるまで自己の占有する相手の傘の返還を拒むことができる。

他人の物を占有していること

第2の要件は，債権者が他人の物を占有していることである。留置権者が占有する目的物は，民法295条1項本文によれば債権者以外の「他人の物」であればよい。「他人」とは債務者に限らないので，債務者以外の者の所有物であってもよい。たとえば，本節1の例（→216頁）でみたように，修理を依頼したのは，Aであるが，車の所有者であるBがその所有権に基づいて修理工場Cに対して車の返還を請求してきたときであっても，Cの留置権は成立する。留置目的物は不動産でも動産でもよい。不動産の場合でも，留置権の存在を第三者に対抗するためには，占有だけでよく，登記を必要としない。

弁済期にある被担保債権を有していること

第3の要件として，留置権も担保物権であるから，当然のことであるが，被担保債権が存在していることが必要である。もっとも，被担保債権は，その弁済期が到来しているものでなければならない。弁済期前に留置権の発生を認めてしまうと，債務者は期日前の弁済を間接的に強制されてしまうことになり，不都合だからである。

その占有が不法行為によって始まったものでないこと

第4の要件として，「占有が不法行為によって始まった」ものでないことが要求されている（295条2項）。たとえば，自転車を盗んだ者（不法行為者）が自ら古いタイヤを新品に交換することで費用が発生したとしても，この費用の償還請求権について留置権が成立することはない。不法行為者にまで留置権を認めるとするのは被害者に酷だからである。この要件は，留置権の成

立を否定しようとする者が主張・立証しなければならない。

　問題となるのは，たとえば，何らかの契約関係があり，占有開始時には存在していた占有権原が，その後に契約解除などで失われたケースである。判例は，占有者が占有権原のないことを知っていたか，知らなかったことについて過失がある場合には留置権の成立を否定している（→**ケースのなかで18**）。

> **ケースのなかで 18**　**権原を失った者も留置権を主張できない**
>
> 　亡Aの賃料不払により建物の賃貸借契約が解除された。賃貸人であるXは，Aの相続人であるYらに未払賃料等の請求とともに，建物の明渡しを請求した。これに対して，Yらは解除後に支出した増改築費用（有益費）の償還請求権に基づく留置権を主張した。
> 　裁判所は，本件建物の賃貸借契約が解除された後，Aが本件建物の占有権原のないことを知りながら不法に占有していたと認定した。そして，Aが支出した有益費の償還請求権について，民法295条2項の類推適用により，Yらは留置権を主張することができない，と判示した。
>
> 《不法占有，留置権，有益費の償還請求権……最判昭46年7月16日》

3　留置権の効力

物を留置できる

　留置権者は，被担保債権の弁済を受けるまで物を留置することができる（295条1項本文）。これを留置的効力という。1の例でいえば，所有者Bは，いくら自分の車を返してほしくても，まずは修理工場Cに修理代金を支払わ

ない限り，その要求は認められない。このようにして，CとしてはBへの車の引渡しを拒むことで，Bに対して修理代金（被担保債権）を弁済するように間接的に強制することができるのである。

また，BがCに対して自己の車の引渡しを求めて訴えを提起してきた場合に，これに対してCが留置権を主張したとすると，裁判所は，Bが修理費用を支払うことと引き換えに，その返還を命じる判決（引換給付判決）をすることになる。

被担保債権の弁済を全部受けるまで留置できる

修理費用（被担保債権）の一部をCがAまたはBから受け取っても，その全部を受け取るまで車を返さなくてもよい（296条）。これを留置権の不可分性という。

優先弁済権はないが，事実上，優先的に弁済を受けることができる

留置権者が留置している目的物を競売にかけて，お金に換えて（換価という），そこから優先弁済を受けることは認められていない。他方で，留置権には，先述した留置的効力があり，これによって留置権者は事実上の優先弁済を受けることができる。まず，不動産について留置権がある場合，他の債権者は不動産を競売できるが，その留置権は消滅しない。結局，買受人は留置権の被担保債権を弁済しなければ不動産の引渡しを受けられないことになる（民執59条4項・188条）。つぎに，動産の場合，他の債権者が競売をしようとしても，留置権者が留置権を行使して動産の引渡しを拒むと，競売手続は進行しないことになる（民執124条・190条参照）。他の債権者は，あらかじめ留置権の被担保債権を弁済し留置権を消滅させておかないと，競売手続を進めることが難しくなる。こうした意味で，留置権には事実上の優先弁済権が認められているのである。

表10-1　留置権と同時履行の抗弁権の違い

	留　置　権	同時履行の抗弁権
法的性質	債権に付従する物権	債務に付随する抗弁権
要　　件	占有物と被担保債権の間に牽連関係があること	双務契約上の債務で，両者がともに先履行義務を負っていないこと
内　　容	占有物の引渡しの拒絶	債務の履行拒絶
第三者への主張可能性	第三者に対しても主張することができる	第三者には主張できない。契約当事者間においてのみ主張できる

★ コラム⑥：留置権と同時履行の抗弁権は同時に主張できるか？

　留置権と同時履行の抗弁権は，**表10-1**をみれば明らかなように，その成立の要件を異にしているが，それらの二つが同時に成立する場合がある。たとえば，Aのスマホが故障し，スマホの修理の専門店Bに修理に出したところ，修理代として3万円かかったとしよう。この場合，修理のための契約が存在しており，この契約に基づいて代金を支払わない限り，B店はスマホをAに引き渡さないと主張することができる。これは同時履行の抗弁権の主張である。他方で，この修理費用はそのスマホ（物）に関して生じた債権でもあるので，債権者となるBは，債務者Aに対してこの物についての留置権を主張し，その弁済を受けるまでスマホの返還を拒絶できるとの主張を認めてもよさそうである。

　判例・通説は，こうした場面で，同時履行の抗弁権と留置権が競合することを認め，B店はAに対していずれも主張できるとする（競合説）。これに対して，学説では，当事者に契約関係がある場合には契約関係を前提とする同時履行の抗弁権のみで処理されるべきだとする見解（非競合説）もある。

目的物を競売できる

　留置権者が，目的物を長期にわたって保管し管理しなければならないとすると，かなり不便である。こうした場面では目的物を競売して換価することができる（民執195条）。これを形式競売という。すでに述べたように，留置権者は優先弁済権を有していないから，競売によって得た代金は本来，所有者に返還しなければならない。もっとも，所有者が被担保債権の債務者であるときには，この換価金の返還債務と被担保債権を相殺することで，事実上，優先弁済を受けることができる。

果実を収取することができる

留置権者は，留置物より生じる果実を収取し，これを他の債権者に優先して被担保債権の弁済にあてることができる（297条1項）。果実は，被担保債権の利息にまず充当され，それに余りがある場合には元本<ruby>債権<rt>がんぽん</rt></ruby>に充当される（同条2項）。

費用を償還請求することができる

留置権者は，留置物についてその管理費などの必要費を支出したときは，その費用の償還を請求することができる（299条1項）。また有益費を支出したときは，留置物の価格の増加が現存する限りで，所有者の選択に従い，費やした金額または増加額の償還を請求できる（同条2項本文）。

留置権者は，こうした費用の償還を受けるまで，目的物の返還を拒むことができる。もっとも，有益費の償還請求権については，裁判所は所有者の請求により相当の期限を許与することができる（同項ただし書）。

善良な管理者として保管しなければならない。

留置権者は，善良な管理者の注意をもって留置物を保管する義務を負う（298条1項）。留置権者は債務者の承諾を得なければ，留置物を使用したり，賃貸したり，担保に供したりすることができない（同条2項本文）。もっとも，留置物の保存に必要な使用は債務者の承諾なしにすることができる（同項ただし書）。

4　留置権の消滅

被担保債権が消滅すれば留置権も消滅する

本節1の例（→216頁）で，修理工場Cが修理を依頼したAから代金の支払を受ければ，被担保債権は消滅し，これを担保する留置権もまた消滅する。また，留置物の占有を失ったり，留置物が滅失したりすれば，留置権も消滅

することになる。

留置権に特有の消滅事由としてつぎのものがある。

①　留置権者が留置物の保管に際して善良なる管理者の注意を怠った場合，または債務者の承諾を得ないで留置物を使用したり，賃貸したり，担保供与した場合，債務者は留置権の消滅を請求できる（298条3項）。

②　債務者は，相当の担保（代担保）を提供して留置権の消滅を求めることができる（301条）。

③　留置権は占有の喪失によって消滅する（302条本文）。占有を失えば目的物を留置して弁済を促すことができなくなるから，留置権も消滅する。この意味で留置権は占有と結合している物権である。もっとも，占有が奪われた場合，占有回収の訴え（200条）によって占有を回復できれば（**→第5章**第4節），留置権は消滅しなかったことになる。この場合，留置権自体に基づいて回復を請求することはできない。また，留置権者が目的物を賃貸・担保提供しても，間接占有がある限り，留置権は消滅しない（302条ただし書）。

第2節　先取特権

1　先取特権とは

たとえば，飲食店を営むAにアルバイトとして雇われていた学生Bの給料10万円が未払のうちに，Aの店が倒産してしまったとしよう。この場合において，差し押さえられた雇主Aの財産が換価処分され，現金300万円が残ったので，債権者に分配されることになったとする。Aには，Bのほかに，それぞれ1千万円の債権をもつ債権者C・D，そして990万円の債権をもつEがいた場合，10万円の給料債権しかもたないBは，案分比例の結果として，

ごくわずかの金額（たった1万円）しか受け取れないことになる（債権者平等の原則）。それでは，あまりにBに酷な結果となる（給料がもらえないと生活に困る）。民法はこのような場合に，Bについてその給料分だけは，他の債権者C・D・Eに優先してAの財産から受け取れるようにしたのである。これが「先取特権」とよばれる法定担保物権である（303条）。先取特権は非占有型の担保物権であって，留置権や質権のような留置的効力や収益的効力は認められていない。

　民法が定める先取特権は，対象となる債務者の財産の種類により，大きく「一般の先取特権」，「不動産の先取特権」，「動産の先取特権」の3つに分かれている。このうち，不動産の先取特権は，その成立に登記が必要とされている（337条～340条）。しかし，このような登記は実務では容易でなく，ほとんど利用されないので，これに言及することはしない。先取特権の全体の概要については，**表10-2**をみてほしい。

2　一般の先取特権とは

　(1)　**共益費用の先取特権（307条）**　　保存（たとえば，債権者代位権・取消権の行使など），清算（債権の取立など），配当（配当表の作成など）に関する費用で各債権者の共同利益のために支出された場合に成立する。これらの費用の支出によって全債権者が弁済を受けることができたのであり，これを支出した債権者に負担させるのは公平の観点から適切ではないことから，この者に優先的地位を認めた。

　(2)　**雇用関係の先取特権（308条）**　　賃金保護という社会政策的考慮によって，債務者に使用される者への賃金支払を確保している。

　(3)　**葬式費用の先取特権（309条）**　　債務者やその扶養すべき親族の葬儀を行いやすくするために認められている。社会的に相当と認められる費用の範囲を超える部分には及ばない。

　(4)　**日用品供給の先取特権（310条）**　　日用品の供給者を保護することで，

表10-2　先取特権の概要一覧表

	種　類	理　由	被担保債権	対　象	条文
一般の先取特権	共益費用	公平の確保	各債権者の共同の利益のために支出された債務者の財産の保存，清算または配当に関する費用	一般財産	307
	雇用関係	社会政策	給料その他雇用関係に基づいて生じる債権	一般財産	308
	葬式費用	公益社会政策	債務者・債務者の扶養すべき親族の葬式費用の相当な額	一般財産	309
	日用品供給	社会政策	債務者・債務者の扶養すべき同居の親族等の生活に必要な最後の6か月間の飲食料品等の供給費用	一般財産	310
動産の先取特権	不動産賃貸借	期待の保護意思の推測	不動産の賃料その他の賃貸借関係から生じた債権	賃貸目的物上の動産など	312〜316
	旅館宿泊	期待の保護意思の推測	宿泊客等の宿泊料・飲食料	旅館にある宿泊客の手荷物	317
	運輸	期待の保護意思の推測	旅客・荷物の運送賃・付随の費用	運送人の占有する荷物	318
	動産保存	公平の確保	動産の保存に要した費用等	保存対象の動産	320
	動産売買	公平の確保	動産の代価・利息	売買対象の動産	321
	種苗・肥料の供給	公平の確保農業振興	種苗・肥料の対価・利息	1年以内に生じた果実など	322
	農業労務	公平の確保社会政策	農業の労務従事者の最後の1年間の賃金	労務から生じた果実	323
	工業労務	公平の確保社会政策	工業の労務従事者ついては最後の3か月間の賃金	労務から生じた製作物	324
不動産の先取特権	不動産保存	公平の確保	不動産の保存費，不動産に関する権利の保存・承認・実行のために要した費用	保存対象の不動産	326
	不動産工事	公平の確保	工事の設計・施工・監理をする者が債務者の不動産に関してなした工事費用のうち，現存している増価額	工事対象の不動産	327
	不動産売買	公平の確保	不動産の代価・利息	売買目的物たる不動産	328

債務者が生活必需品の供給を受けることができるように配慮した。

　これらの一般の先取特権が認められれば，債務者の総財産に対して，対抗要件がなくとも債権者は優先弁済を主張することができる（306条）。もっとも，これはあくまでも他の一般債権者に対する関係で認められているにすぎない。抵当権など特別担保を有する債権者には対抗できないし，また「登記

をした第三者」に対しても対抗できない（336条）。

一般の先取特権は債務者の総責任財産を対象にしており，他の債権者に影響を及ぼすことがある。その影響を少なくするため，いくつかの工夫がされている（335条参照）。

3　動産の先取特権とは

債務者の特定の動産から優先弁済を受ける権利である（311条。→225頁の**表10-2**）。このうち，以下では代表的なものとして不動産賃貸借と動産売買の先取特権についてだけ説明しておこう。

不動産賃貸借の先取特権はどのような場面で認められるか？

たとえば，賃借人が家賃を滞納した場合に，家主が賃借人の動産（家電製品や家具など）に行使することができる。不動産の賃料その他の賃貸借関係から生じた債権を被担保債権として賃借人の動産の上に成立する（311条1号・312条）。

この先取特権によって担保されるのは，原則として賃料債権など賃貸人の賃借人に対する債権のすべてである（312条）が，例外として315条・316条がある。

動産売買の先取特権は代金債権の確保に役立つ

たとえば，売主Aが買主Bに宝石甲を販売し引き渡した場合，Aは甲の売買代金と利息について甲の上に先取特権を取得することになる（321条）。これを動産売買の先取特権という。Bが代金を支払えない場合，Aは甲から優先弁済を受けることが認められ，これによってAは動産売買における代金債権を確保することができる。これに関しては，後述の先取特権の物上代位性（→第2節4）についての説明も参照。

★ コラム⑦：集合動産譲渡担保 vs. 動産売買先取特権──どちらが強いのか？

　　企業が有する資産価値のある動産（集合体として常に存在するが，企業の日々の
営業活動に応じて入れ替わる動産群）を，その倉庫にある在庫商品などとして特定
し，それを一括して担保とすることができる。これは集合動産譲渡担保とよば
れる非典型担保である（→**第9章**第2節4）。ところで，こうした倉庫に，動産
売買先取特権の拘束を受けた動産が搬入されたとすると，両担保権のうち，い
ずれが優位することになるのだろうか。

　　判例は，集合動産譲渡担保の対象となる集合物については，最初に一度，対
抗要件としての占有改定があれば，その後に運び込まれて集合物の内容になっ
た動産についても，自動的にこの対抗要件を備えたことの効力が及ぶとみてい
る。そして，動産売買の先取特権の拘束を受けた動産が債務者の集合物の構成
部分となった場合には，債権者である譲渡担保権者は，この動産について引渡し
を受けたことを主張できるとして，動産先取特権の追及効を制限する333条を
適用し，集合動産譲渡担保の優位を認めた。

4　先取特権の効力

先取特権者は優先弁済を受けられる

　先取特権者は債務者の財産について他の債権者に先だって被担保債権の弁
済を受ける権利をもつ（303条）。まず，自ら債務者の目的財産を競売して，
その売買代金から優先弁済を受けることができる（不動産の場合→民執180条・
181条。動産の場合→民執190条。債権その他の財産権の場合→民執193条・143条・
167条）。

　つぎに，他の債権者が目的物について執行してきた場合には，その配当手
続内において優先弁済を受けることができる。たとえば，先取特権の目的財
産について一般債権者が強制執行をしてきた場合や，他の担保権者が担保権
の実行として競売をしてきた場合には，先取特権者は売却代金から優先弁済
を受けることができる（民執51条・87条1項4号等）。

先取特権には物上代位が認められている

　動産売買の先取特権（311条5号）の意味について具体例で説明しよう。A
が自分の工作機械を，工場経営者Bに売却したが，その代金は未回収のまま

であった。Bは，この工作機械をCに転売し引き渡したが，Cから代金の支払を受ける前に，Bが破産してしまったとしよう。この場合，Aは，Bに対する関係では，債権者であるとともに，動産の売主でもあることから，売買代金債権を被担保債権として工作機械上に動産売買の先取特権を有することが認められている。しかし，動産がBからCに転売されて引き渡されてしまうと，Aの有する動産上の先取特権は消滅し，代金債権を優先的に回収できなくなる（333条。→227頁の**コラム⑳**）。このため，Aには，動産売買の先取特権に基づいてBのCに対する転売代金債権に物上代位することが認められているのである（304条1項本文。なお，物上代位の一般的な説明については→**第6章第3節4**）。

　もっとも，この物上代位の実行のためには，債権者が金銭その他の物について，「その払渡しまたは引渡し前に」差押えをしておくことが必要となる（同項ただし書）。判例によれば，必ずしもA自らが最初に差押えをする必要はない（**→ケースのなかで19**）。

　このように，動産売買の先取特権が，動産売買の代金債権を確保し回収する手段としてよく利用されていることには注意してほしい。これに対して，一般の先取特権では物上代位が問題とされることはほとんどないが，その理由は，一般の先取特権は債務者の総財産が対象となるので，目的物に替わる金銭やその他の物も当然担保の対象となり，それをわざわざ物上代位の効力としてみる必要がないことにある。また，不動産の先取特権についてもそれが登記されると，追及力が付与されることになるから，転売代金債権への物上代位を認める必要性はない。

ケースのなかで 19　先取特権者は先に差押えしなくてもよい

　XはAに溶接用材等の動産を売り渡したが，AはXに代金を支払う前に，これをBに転売してしまった。Xは，Aに対する売掛代金債権を被担保債権として動産売買先取特権に基づく物上代位権を行使し，Aの転売代金債権を差し押さえた。

　裁判所は，Aの一般債権者Yが，Xよりも先にAの転売代金債権を差し押さえても，先取特権者はこの債権に対して物上代位権を行使することを妨げられない，とした。

《動産の先取特権，物上代位，一般債権者の差押え……最判昭60年7月19日》

5　先取特権がいくつかあるとき，どれが優先するのか？

　家主B所有のアパートの一室を賃借していたAが，家賃を数か月も滞納し，夜逃げしたとする。この部屋には，Aが友人Cから購入した代金未払のスーツケースが放置されていた（BとC以外の債権者はいないとする）。このような事例では，Aにはすべての債権者を満足させる財産がないとすると，優先して弁済されるのはBの債権（賃料債権）なのか，それともCの債権（代金債

権）なのかが問題となる。このように債務者の同一財産上に複数の先取特権が競合して成立する場合や，先取特権が他の担保物権と競合する場合がある。実際には，多くの特別法が考慮されることになるが，以下では基本的な関係の理解のために，民法329条以下の規定の適用関係だけをみておくことにする。

一般の先取特権が互いに競合する場合，その優先順位は306条が定める順序による（329条1項）。一般の先取特権と特別の先取特権が競合する場合，特別の先取特権が一般の先取特権に優先する（同条2項本文）。ただし，共益費用の先取特権はその利益を受けた総債権者に優先する（同項ただし書）。

動産の先取特権相互間の順位は，①不動産賃貸の先取特権，②動産保存の先取特権，③動産売買の先取特権の順となる（330条1項）。

したがって，上記の事例では，Aの部屋にあるスーツケースの上にはBが①の第1順位の先取特権を，またCが③の第3順位の先取特権を有することになる。ただし，例外として，①の先取特権者が債権取得の当時，②または③の先取特権者が存在することを知っていたときは，この限りではない（同条2項）。

不動産の先取特権間の順位については352条の掲げる順序に従う（331条1項）。同一不動産が転々売買されて複数の先取特権が成立する場合は，時間的に前の売買によるものが優先する（同条2項）。

同一の目的物について同順位の先取特権が成立する場合は，各被担保債権額の割合によって弁済を受ける（332条）。

他の担保物権との関係はどうなるのか？

先述したように，留置権には優先弁済権がないが，事実上留置権が優先する（不動産の場合→民執188条・59条4項。動産の場合→民執190条参照）。

動産質権者と先取特権者とが競合する場合には，動産質権者は330条1項が定める第1順位の動産の先取特権者と同順位になる（334条）。

一般の先取特権と抵当権とが競合する場合，両者ともに登記がなければ一般の先取特権が優先する（336条本文）。先取特権に登記がなく，抵当権に登記があれば抵当権が優先する（同条ただし書）。両者ともに登記があれば登記の先後によって決まる。

参 考 文 献

　以下の参考文献は，物権法（担保物権法を含むものと含まないものとがある）の学習を
はじめた読者が，本書と併読されることを想定している。したがって，おびただしい
数の民法の本の中から，債権法や相続法の改正にも対応するものを中心に，数冊ずつ
紹介する。より詳しくは身近にいる民法の先生に聞いてほしい。

〈物権法・担保物権法の双方を含む教科書〉

　淡路剛久・鎌田薫・原田純孝・生熊長幸『民法Ⅱ　物権〔第5版〕（有斐閣Sシリー
　　ズ）』（有斐閣，2022年）

　石田剛・武川幸嗣・占部洋之・田髙寛貴・秋山靖浩『民法Ⅱ　物権〔第4版〕
　　（LEGAL QUEST）』（有斐閣，2022年）

　安永正昭『講義　物権・担保物権法〔第4版〕』（有斐閣，2021年）

〈担保物権法を含まない物権法の教科書・体系書〉

　佐久間毅『民法の基礎2　物権〔第3版〕』（有斐閣，2023年）

　千葉惠美子・藤原正則・七戸克彦『民法2　物権〔第4版〕（有斐閣アルマ Special-
　　ized)』（有斐閣，2022年）

　平野裕之『物権法〔第2版〕』（日本評論社，2022年）

〈担保物権法のみの教科書・体系書〉

　生熊長幸『担保物権法〔第2版〕』（三省堂，2018年）

　近江幸治『民法講義Ⅲ　担保物権〔第3版〕』（成文堂，2020年）

　道垣内弘人『担保物権法（現代民法3）〔第4版〕』（有斐閣，2017年）

　平野裕之・古積健三郎・田高寛貴『民法3　担保物権〔第3版〕（有斐閣アルマ Spe-
　　cialized)』（有斐閣，2020年）

〈判 例〉

判例集に登載された判決そのものをぜひ読んでみてほしいが，次にあげるものは，重要判例を集めて，事件の事実関係・判旨・問題点などを整理しており学習に便利である。できるだけ新しい判例が載っているものが望ましい。

それぞれに特徴があるので，読者の用途にあわせて選ぶとよい。民法判例百選（総則と物権が対象）は２頁で濃密な解説がされるもの。判例プラクティス（総則と物権が対象）は１頁１件でより多くの判例を掲載し要点を解説するもの。判例30！（担保物権を含む物権のみ対象）は重要判例に絞って初学者に向けて丁寧な解説をしたもの。

潮見佳男・道垣内弘人編『民法判例百選Ⅰ　総則・物権〔第９版〕』（有斐閣，2023年）
松本恒雄・潮見佳男・下村信江編『判例プラクティス民法Ⅰ　総則・物権〔第２版〕』（信山社，2022年）
水津太郎・鳥山泰志・藤澤治奈『民法②物権 判例30！〔第２版〕』（有斐閣，2023年）

〈その他〉

次のものは，登記簿・内容証明郵便・各種契約書式・申請書・判決書など民法に関係する書類や著名判決に関する写真・資料などを解説付きで収録している。

池田真朗編著『民法 Visual Materials〔第３版〕』（有斐閣，2021年）

判 例 索 引

大判……大審院判決　　　　民録……大審院民事判決録
最判……最高裁判所判決　　民集……最高裁判所民事判例集
最大判…最高裁判所大法廷判決　判時……判例時報

事 項 索 引

さ　行

【有斐閣ブックス】

物権〔第3版〕　エッセンシャル民法2
Civil Law, Property, 3rd ed.

2005 年 10 月 20 日 初　版第 1 刷発行　　2023 年 10 月 10 日 第 3 版第 1 刷発行
2019 年 10 月 20 日 第 2 版第 1 刷発行

著　者　　永田眞三郎・松本恒雄・松岡久和・中田邦博・横山美夏
発行者　　江草貞治
発行所　　株式会社有斐閣
　　　　　〒101-0051 東京都千代田区神田神保町 2-17
　　　　　https://www.yuhikaku.co.jp/

印　刷・製　本　　中村印刷株式会社

落丁・乱丁本はお取替えいたします。定価はカバーに表示してあります。
©2023, M. Nagata, T. Matsumoto, H. Matsuoka, K. Nakata, M. Yokoyama.
Printed in Japan　ISBN 978-4-641-18466-4